LES **AVENTURES** DE
CAGLIOSTRO

Discovery Publisher

2020, Discovery Publisher

Auteur : Jules de Saint-Félix

616 Corporate Way
Valley Cottage, New York
www.discoverypublisher.com
editors@discoverypublisher.com
Fièrement pas sur Facebook ou Twitter

New York • Paris • Dublin • Tokyo • Hong Kong

TABLE DES MATIÈRES

LES **AVENTURES** DE **CAGLIOSTRO**

Parmi les grands aventuriers dont la célébrité occupa l'Europe au XVIIIᵉ siècle, Cagliostro fut, sans contredit, un type tout à fait à part et qui mérite d'être étudié avec une sérieuse attention. Arrivant au milieu de l'époque la plus sceptique qui fut jamais, ce charlatan eut ses triomphes, ses sectaires, ses admirateurs et ses dupes comme s'il eût vécu à la cour de Catherine de Médicis, aux beaux jours de la sorcellerie, de l'astrologie et de la nécromancie.

Le XVIIIᵉ siècle, dans sa dernière période, sortant des mains de Voltaire et des encyclopédistes, ne croyait presque plus en Dieu ; il était rationaliste comme un logicien absolu, matérialiste comme un débauché incorrigible, et cependant il fut crédule comme un enfant, ou plutôt comme un vieillard énervé et qui a recours aux empiriques.

La science avait fait de magnifiques conquêtes sur l'erreur ; elle triomphait radieusement. Une tache vint cependant à passer sur cet astre, et les esprits ébranlés doutèrent de la science. Cette tache sur un disque étincelant, c'était le charlatanisme, dont la propagande grandissait de jour en jour.

Ces aberrations de l'esprit public se rencontrent dans les meilleurs temps. Et nous-mêmes, si vains aujourd'hui de nos progrès immenses et des merveilleux et riches résultats de la science, nous si fiers, avec raison, de nos forces et de nos conquêtes, nous XIXᵉ siècle, sommes-nous exempts de toute infirmité morale, et avons-nous si bien redressé et pourchassé le charlatanisme, qu'il n'ait pu verser dans notre coupe un grain de folie ?

Mais ces considérations nous mèneraient peut-être plus loin que nous ne voudrions. Notre but est seulement d'étudier un des plus curieux caractères du temps passé, de raconter d'étranges fourberies, de dérouler sous les yeux du lecteur l'odyssée d'un aventurier célèbre, d'intéresser et d'amuser autant que possible, de prémunir et d'instruire s'il y a lieu, ou plutôt si cette mission n'est pas au-dessus de nos forces.

Toutefois, que nos lecteurs ne s'y trompent pas, ce n'est point un roman que nous écrivons. À travers une vie extraordinaire comme celle de Cagliostro, on rencontre bien des chemins tortueux où l'on est forcé de s'engager faute de documents certains ; mais il est aussi des points historiques très lumineux dans cette existence exceptionnelle, et sur lesquels il n'est pas permis d'hésiter. Nous dirons donc toute la vérité, cherchant à montrer le comte de Cagliostro tel qu'il était, avec sa physionomie caractéristique, sans déguiser ses vices, mais aussi sans amoindrir ses qualités. Avec une autre éducation et d'autres débuts dans le monde, Cagliostro, au lieu d'avoir été un grand aventurier, souvent criminel, serait peut-être devenu un homme célèbre et honoré.

I

Paierme • Première jeunesse de Cagliostro

Le 8 juin de l'année 1743 naquit à Paierme Joseph Balsamo, qui porta dans la suite le prénom d'Alexandre et le nom et le titre de comte de Cagliostro.

Pierre Balsamo, son père, et Félicie Braconieri, sa mère, étaient d'honnêtes marchands palermitains, très bons catholiques et fort soucieux de l'éducation de leur famille ; ils avaient plusieurs enfants. Ils vendaient des draps et des étoffes de soie. Leur boutique était, dit-on, fort bien achalandée, dans le quartier populeux que partage en deux la belle rue del Calsaro.

Malheureusement pour cette famille, et surtout pour Joseph, Pierre Balsamo mourut avant d'avoir vu grandir tous ses enfants et d'avoir pu pourvoir à leur établissement.

Le jeune Joseph avait un esprit prompt et subtil, une imagination ardente, un caractère aventureux et passablement rusé. Il avait deux oncles maternels, bons bourgeois de Paierme, qui jugèrent que cet enfant pourrait aller loin dans les sciences et dans les lettres, et qui se chargèrent de son éducation.

Le plus court chemin pour se distinguer dans la carrière qu'on voulait faire suivre à Joseph était d'entrer dans les ordres ecclésiastiques. Malheureusement les oncles ne prévirent pas combien le neveu serait mauvais prêtre, s'il persistait à rester dans l'Église. Ils le placèrent au séminaire de Saint-Roch de Paierme. Joseph Balsamo ne tarda pas à céder à ses instincts d'indépendance et de complète indiscipline : il s'enfuit du séminaire. Rattrapé en compagnie de vagabonds, il fut confié et sévèrement recommandé au père général des *Bonfratelli,* qui se trouvait de passage à Paierme. Joseph avait alors treize ans. Le père général s'empara de lui et promit d'en faire un moine, bon gré mal gré. Il partit avec lui, et, montés chacun sur une mule, suivis de deux autres frères, ils gagnèrent le couvent de l'ordre de Saint-Benoît, situé aux environs de Cartagirone.

Les murs du couvent étaient fort élevés, et la porte était confiée à un frère tourier inflexible. Il fallut se résigner. Joseph Balsamo endossa la casaque de novice. Le père général devina son gout pour l'herborisation et sa curiosité pour l'histoire naturelle. Il le confia à l'apothicaire du couvent, espérant ainsi l'attacher à son nouvel état et l'amener un jour à devenir un assez bon religieux. Le jeune Joseph s'accommoda d'abord assez bien de ses relations avec le frère apothicaire ; il profita même de ses leçons, et, au bout d'un certain temps, il parvint à manipuler les drogues avec une grande sagacité. Mais les instincts de Joseph s'éveillaient singulièrement, et, dans les premiers éléments de la science, le rusé Sicilien devinait déjà des secrets utiles au charlatanisme. Cependant il s'adonna assez franchement à l'étude des principes de la chimie et de la médecine. Son maitre apothicaire espérait beaucoup d'un élève tel que lui.

Un trait assez singulier révèle le caractère à la fois rusé et hâbleur qui, dans la suite, se développa d'une manière si prodigieuse chez le jeune Balsamo. Un jour le novice fut chargé, au réfectoire, de faire la lecture d'usage pendant le repas des religieux. Le livre que lisait Balsamo était le *Martyrologe* ; mais voilà que tout à coup il céda à une inspiration diabolique, et se mit à substituer au texte sacré on ne sait quelle version suggérée par son imagination déréglée, altérant le sens et les faits, et poussant l'audace jusqu'à remplacer les noms des saintes par ceux des courtisanes les plus renommées. Le scandale fut au comble et les bons pères jugèrent dès ce moment-là à quel degré de vice et d'effronterie pourrait un jour arriver un écolier capable à cet âge d'un trait si hardi.

On infligea au novice une rude pénitence. Il s'y soumit en apparence ; mais l'occasion qu'il guettait se présenta fortuitement. Une nuit, trouvant moyen de se dérober à la surveillance des gardiens, il s'évada du couvent, courut la campagne, et, après quelques jours de vagabondage, arriva à Paierme.

Ses oncles commencèrent à désespérer de lui. Ni les remontrances ni les conseils n'étaient écoutés. Joseph Balsamo se riait de tout ; son gout effréné pour la licence l'entrainait. Il se lia avec des vauriens ; ses mœurs furent bientôt perdues. Il se livra à la débauche en compagnie de la jeunesse la plus dissolue. L'ivrognerie, le jeu, le libertinage amenaient des querelles fréquentes, souvent même avec les gens de la police. Joseph Balsamo avait déjà des démêlés fort sérieux avec la justice correctionnelle.

Une accusation très motivée pesa sur lui : il passait pour fabriquer avec habileté de faux billets de théâtre qu'il vendait avec une rare effronterie. Un de ses oncles voulut le retirer chez lui. L'indigne neveu vola à ce bon parent une somme assez ronde et des effets précieux. Il devint l'entremetteur des amours d'une de ses cousines avec un de ses amis, à qui il extorquait de l'argent en lui persuadant que la belle exigeait des cadeaux et des bijoux. Balsamo recevait les pièces d'or, n'achetait rien pour sa cousine, et s'appropriait les fonds que son ami lui confiait.

Sur une pente pareille, il est presque impossible de s'arrêter. Le jeune Balsamo fit bientôt très bon marché de son honneur et se livra à des actes criminels de la plus haute gravité. Il y avait Paierme un certain marquis Maurigi, de mœurs très dissolues. Maurigi convoitait un héritage qui devait revenir à une communauté. Il connaissait Balsamo et s'ouvrit à lui. Celui-ci imagina bientôt un expédient. Il avait un notaire pour parent. Il se mit à fréquenter son office, et trouva moyen de fabriquer un testament en faveur du marquis Maurigi, avec tous les caractères d'authenticité voulus par la loi. Muni de cette pièce soi-disant *notariée,* Maurigi fit valoir ses droits à l'héritage, et frustra bel et bien la communauté d'une grande partie de la somme qui lui revenait. Il est plus que probable que le marquis récompensa largement Balsamo de ses soins. Ce faux fut découvert plusieurs années après l'époque où il avait été commis ; mais les coupables étaient depuis longtemps en pays étranger. Faut-il ajouter foi à une accusation plus grave encore ? Le bruit courut un jour que Balsamo avait contribué à l'assassinat d'un riche chanoine ; mais ce crime ne fut jamais prouvé.

On se demande avec raison comment la justice ne parvint pas à se saisir de Balsamo, et comment elle n'arrêta pas ce jeune bandit, qui avait encouru les peines les plus sévères. Reportons-nous au temps et au pays. Au XVIIIe siècle, qu'était la justice en Sicile ? Quelle force de répression pouvait-elle exercer ?... Et d'un autre côté, rappelons-nous ce que Balsamo était à quatorze ans ; cela pourra nous donner une idée du degré d'habileté et d'audace où il était parvenu à l'âge de vingt-deux ou vingt-trois ans. Plusieurs fois, cependant, Balsamo fut arrêté et enfermé, mais il se tira toujours d'affaire, soit par le défaut de preuves, soit par le crédit de ses parents et d'honnêtes Palermitains qui s'intéressaient à sa famille.

Doué de facultés assez remarquables pour les arts, il donna des leçons de dessin, et plusieurs fois il fut en bonne voie de repentance. Son adresse dans le maniement des armes était reconnue ; il sentait sa supériorité, et il lui arriva souvent, à la suite de querelles, de se battre en duel ; malheureusement il ne reçut jamais un coup d'épée assez sérieux pour le mettre hors d'état de recommencer sa vie criminelle. Du reste ; sa nature impétueuse le portait à, prendre fait et cause pour ses compagnons ; il méprisait le danger et payait de sa personne, dans l'occasion, comme le bandit le plus déterminé.

Ce fut environ à cette époque qu'eut lieu l'aventure du trésor caché, disait-il, dans la campagne qui avoisine Paierme. Il avait noué des relations avec un orfèvre nommé Marano, dont il avait été à même de connaître l'esprit faible et superstitieux. Ce Marano croyait à la magie, et Joseph Balsamo passait déjà pour être très initié aux sciences occultes. Un jour, il arriva chez l'orfèvre, avec un air composé et mystérieux : « Vous savez, lui dit-il, quels sont mes rapports avec les esprits supérieurs, et vous connaissez la puissance des incantations auxquelles je me livre. Il y a dans un champ d'oliviers, à quelques milles de la ville de Paierme, un trésor caché ; j'en ai la preuve, et, au moyen d'une évocation, je suis certain de découvrir le lieu précis on il faut opérer des fouilles. Mais cette opération exige des préparations couteuses. Il me faut soixante onces d'or, les avez-vous à mon service ? »

Marano se récria sur la somme, prétendant que les herbes et les drogues nécessaires aux préparations alchimiques étaient à des prix modérés.

« C'est bien, ajouta Balsamo, restons-en là. J'aurai le trésor tout seul. Un bonheur partagé n'est jamais qu'une moitié de bonheur pour chacun. »

Le lendemain, Marano était chez l'enchanteur ; il avait eu une fièvre d'or toute la nuit.

« Je me suis muni, lui dit-il, de la somme que vous me demandez. Cependant, marchandez un peu avec les esprits.

— Vous les prenez pour de mesquins spéculateurs, répondit le fourbe. Le diable n'est pas juif, bien qu'il ait longtemps habité la Judée. C'est un magnifique seigneur, vivant largement dans tous les pays du monde. Si on le traite avec honneur, il est prodigue et rend au centuple. Je trouve ailleurs les soixante onces d'or, et je me passerai de vous.

— Les voilà, » dit Marano en tirant de sa poche un sac de cuir.

On se rendit au clair de la lune dans le champ d'oliviers. Balsamo avait tout préparé pour ses évocations. Les préliminaires de l'incantation furent assez longs, et Marano haletait sous le charme de ces opérations magiques. Enfin la terre trembla, et des fantômes parurent surgir du sol. Marano se jeta la face contre terre. Le coup était prévu, et l'orfèvre fut roué de coups de bâton par les esprits infernaux, qui le laissèrent pour mort et prirent la fuite en compagnie de l'enchanteur et des soixante onces d'or.

Le lendemain l'orfèvre, recueilli par des muletiers, fut ramené chez lui et dénonça le fait à la justice. L'aventure fit grand bruit. On voulut arrêter Balsamo, qui, ayant prévu la visite des archers, avait pris du champ. Marano jura de faire assommer le fripon, si jamais il parvenait à le découvrir. Le fripon comprit parfaitement le péril de sa situation, et il se décida à s'embarquer sur une tartane qui faisait voile pour Messine.

II

Messine • L'Arménien • Le départ

En débarquant dans cette seconde capitale de la Sicile, le jeune Balsamo était muni d'une assez belle somme pour subvenir aux frais de son séjour, qui du reste ne fut pas de longue durée. Il possédait une fort bonne part des soixante onces d'or de l'orfèvre. Il se logea dans une auberge en renom, près du port (un des plus beaux de la Méditerranée), et se mit en devoir de courir les aventures. Messine était alors le rendez-vous de l'Europe commerçante et le séjour favori des étrangers de distinction qu'attiraient dans cette charmante ville la douceur du climat et les riants paysages des environs. Cette heureuse et fière rivale de Reggio, qu'elle regarde sur la rive opposée, était bien loin, à cette époque, de prévoir les désastres du tremblement de terre qui faillit la renverser de fond en comble en 1783. Elle comptait alors près de cent-mille habitants.

Si Balsamo fut émerveillé des monuments de Messine, de la gaité de la ville, de la grandeur du port et de l'imposant spectacle de la rade, une des plus belles du monde et toujours couverte de navires, c'est ce que les chroniques ne disent pas. Il est présumable que le jeune aventurier se préoccupât bien plutôt d'exercer quelque coupable industrie au milieu de cette riche population, que d'admirer les charmes et la poésie de l'antique *Messana*, cette colonie grecque transplantée de la Messénie sur les bords siciliens.

Ce fut, sans doute, à cette époque qu'il comprit l'utilité de changer de nom, dans le double but de désorienter les gens au sujet de son passé, et de donner plus de distinction à sa personne à l'aide d'un nom plus aristocratique. Il se souvint donc qu'il avait à Messine même une tante appelée Vincente Cagliostro. Ce nom lui parut plus relevé que le sien ; et puis, qui sait ? la tante était vieille, elle avait de l'or.... Joseph Balsamo fit un rêve assez brillant, mais rapide. Il se mit à la recherche de cette tante ; il découvrit sa demeure, et quand il y arriva, Vincente Cagliostro en était absente : la chère dame était morte et enterrée depuis quinze ou vingt jours. En bonne catholique, elle avait doté les églises de Messine, et en chrétienne charitable, elle avait distribué aux pauvres le reste de son patrimoine. Ne pouvant rien tirer de cette prodigue défunte, Balsamo lui prit son nom, auquel il ajouta un titre de noblesse. Il se fit appeler le comte Alexandre de Cagliostro.

Le voilà donc gentilhomme titré par la vertu de son bon plaisir et par lettres patentes émanées de sa vanité. Du reste, l'amour-propre n'était pas le principal mobile qui l'avait poussé à s'anoblir ; son esprit pénétrant et calculateur avait fort bien compris tout le parti qu'on pouvait tirer d'un nom et d'un titre à une époque où les privilèges de la naissance avaient encore tout leur prestige. Si le comté que se donnait Balsamo était chimérique, les profits qui pouvaient en provenir se réalisaient d'avance, à ses yeux, en belles espèces sonnantes.

Un jour, se trouvant près du môle, à l'extrémité du port, le regard errant sur la rade et l'esprit rêveur, Balsamo vit passer près de lui un personnage singulièrement vêtu, et dans le visage offrait un type des plus étranges. Ce personnage, âgé d'environ cinquante ans, lui parut devoir être un Arménien. Il était coiffé d'un bonnet de soie et fétu d'une sorte de cafetan. Il portait des bottes molles dans lesquelles se perdaient les plis d'un ample haut-de-chausse. De la main gauche il tenait un parasol, et de la droite, le bout d'un cordon auquel était attaché un beau lévrier albanais. Soit curiosité, soit pressentiment, Balsamo salua le personnage, qui s'inclina légèrement, mais avec une dignité satisfaite. Balsamo fit deux pas en avant, et l'étranger s'arrêta.

« Vous n'habitez pas Messine, monsieur ? dis celui-ci en sicilien, mais avec un accent étranger assez prononcé.

—J'y passe quelques jours, répondit Balsamo. J'admirais ce magnifique paysage maritime : la rade cernée par l'immense fer à cheval du littoral, et à l'horizon les rochers de Reggio, semblables à des citadelles empourprées et dorées par le soleil couchant.

—Oui, reprit l'étranger, et entre ces deux rives si douces au regard, Charybde et Scylla hurlant. C'est la vie : calme et splendeur, et le gouffre à côté.

—Votre philosophie prend des formes orientales qui lui donnent beaucoup de charmes à mes yeux, dit Balsamo. Me permettrez-vous de vous demander à qui j'ai l'honneur....?

—L'honneur est peut-être pour moi, reprit le grave personnage avec un sourire de haute bienveillance. Vous êtes, monsieur, un vrai gentil-homme, je le savais.

—Comment ! vous le saviez ? dit Balsamo fort intrigué.

—Mettez que je l'aie deviné, ajouta l'Arménien.

—Mais cela n'en est pas moins étonnant.

—Que diriez-vous donc, continua l'étranger, si je vous parlais de votre passé et si je vous dévoilais ce que je vois dans votre esprit en ce moment ?

—Je dirais, monsieur, que vous êtes sorcier. L'Arménien se prit à sourire et leva les épaules avec un peu de dédain.

—Sorcier ! sorcier ! reprit-il. Ils n'ont que ce mot à la bouche. Dès que la science apparait, le vulgaire la traite de sorcellerie et lui prépare des fagots pour un beau feu flambant. Ce pays-ci est aussi ignorant qu'il l'était sous la domination des Normands, il y a quelques centaines d'années.

—Vous m'intéressez beaucoup, seigneur arménien, dit Balsamo, et si j'osais vous demander de m'indiquer votre demeure....

—Vous viendriez me voir. Parbleu ! vous ne seriez pas le premier ni le seul à chercher à pénétrer chez moi. Je ne reçois personne ; je vis en tête-à-tête avec mon intelligence et ma raison. La science seule vient se mettre de la partie.

—Moi, j'adore les sciences, ajouta l'ancien élève apothicaire.

Tout en causant de la sorte, on était arrivé sur le grand quai du port, en face d'une petite église d'où sortait une confrérie de pénitents encapuchonnés, portant des cierges allumés et allant enterrer un mort. La foule se rangeait sur une double haie pour laisser passer le cortège. Les cloches tintaient et le *De profundis* allait psalmodiant ses graves versets.

Balsamo jeta un coup d'œil de côté sur son étrange compagnon. Celui-ci contemplait le convoi d'un œil impassible ; un demi-sourire errait sur ses lèvres. Balsamo lui demanda à voix basse s'il connaissait le nom du mort.

—Il se nommait Malapieri, dit le personnage ; il était marchand armateur. Il est mort des suites d'une affection putride mal guérie dans le temps, et que lui avait laissée la peste dont il fut atteint l'an dernier à Smyrne. Il croyait à la médecine. Les médecins lui ont prouvé leur savoir-faire. Malapieri en avait trois à son chevet : l'un lui tirait du sang, l'autre le couvrait de cantharides, le troisième le gorgeait d'émétique. Il est fâcheux qu'on ne puisse pas mourir trois fois ; Malapieri était entre bonnes mains. Maintenant ses neveux suivent sa bière en larmoyant.... Le mort laisse deux-cent-mille écus. S'il m'avait cru, ajouta le soi-disant Arménien, il serait encore en vie.

Vraiment ! dit Balsamo. Vous êtes médecin ? — Moi ! repartit l'étranger ; je regarderais ce nom comme une insulte.

—Pardon, seigneur arménien, » dit Balsamo un peu confus, mais enchanté en secret du personnage extraordinaire qu'il avait rencontré.

Le convoi était : déjà loin ; la foule s'écoulait eu silence ; les portes de la petite église se fermaient ; les fanaux des navires amarrés dans le port s'allumaient comme des étoiles ; la nuit douce et limpide s'étendait sur Messine. Nos deux personnages continuaient à marcher côte à côte. Arrivés au quartier de la cathédrale (cette grande et singulière église bâtie par le comte Roger), les deux compagnons se dirigèrent vers une petite place formant un quadrilatère, ombragée de quelques sycomores, et au centre de laquelle jaillissait une jolie fontaine. Ce fut là que l'étranger dit à Balsamo :

« Monsieur, voici la maison que j'habite. Je n'y reçois personne ; mais comme vous êtes voyageur, jeune et gentilhomme, comme d'ailleurs vous êtes animé de la noble passion des sciences, je vous autorise à venir me voir. Je serai visible pour vous demain, à onze heures et demie de la nuit. Vous frapperez deux coups à ce marteau (il lui désignait la porte d'une maison petite et basse) puis trois coups lentement. On vous ouvrira. Adieu. Hâtez-vous de rentrer à votre auberge ; un Piémontais cherche à vous voler, dans ce moment-ci, les trente-sept onces d'or que vous avez enfermées dans une valise, enfermée elle-même dans une armoire dont vous avez la clé dans votre poche droite. Votre serviteur. »

À ces mots, l'étranger s'éloigna rapidement et se fondit pour ainsi dire dans l'obscurité du mur de sa maison.

Balsamo, d'abord ébahi, bondit tout à coup sur ses talons, rebroussa chemin et regagna à toutes jambes son hôtellerie, où il trouva en effet un Piémontais, son voisin de chambre, très consciencieusement occupé à crocheter la serrure de l'armoire aux onces d'or.

Le lendemain, entre onze heures et minuit Balsamo, que nous appellerons dorénavant Cagliostro, frappait à la porte de la petite maison habitée par l'Arménien. Au cinquième coup, on vint ouvrir, ou plutôt la porte s'ouvrit d'elle-même et se referma brusquement sur le visiteur. Celui-ci s'avança avec précaution dans un porche assez étroit et éclairé par une petite lampe de fer nichée dans le mur. Arrivé au bout du porche, il vit une large porte qui s'ouvrit aussi d'elle-même. Une salle du rez-de-chaussée apparut, illuminée par un flambeau quatre branches chargées de cierges. La salle était un vaste laboratoire, meublé et pourvu de tout l'appareil en usage aux alchimistes. Nous n'entreprendrons pas de donner l'inventaire de cette batterie pharmaceutique. L'Arménien sortit du cabinet voisin et vint au-devant du visiteur.

« Je vous attendais, lui dit-il. Eh bien ! et les onces d'or ?

—Il était temps que j'arrivasse, répondit Cagliostro. Le drôle allait mettre la main sur la nichée. Je l'ai saisi, garroté et livré à la maréchaussée du prévôt. Il ira ramer aux galères. Revenons à vous, seigneur arménien. Ma surprise et mon admiration....

—Trêve à cela, reprit l'étrange personnage. L'art de la divination n'est que le résultat des combinaisons scientifiques et de l'observation. Niez-vous l'astrologie judiciaire ?

—Je ne nie rien du tout, dit le comte de fraiche date, si ce n'est la puissance de la vertu aux prises avec l'intérêt.

—Qui vous a élevé ? demanda l'Arménien.

—Ma foi, j'allais vous dire que ce sont mes deux oncles de Paierme et l'apothicaire du couvent des Bonfratelli. Mais je m'arrête, car vous devez le savoir.

—Je sais, reprit le personnage, que vous vous êtes élevé vous-même, et que l'apothicaire et vos oncles n'ont fait que vous ouvrir la porte de la science. Que comptez-vous faire ?

—Moi ? dit Cagliostro, m'instruire et m'enrichir.

—C'est-à-dire vous rendre supérieur au vulgaire imbécile. Projet louable, *mon fils*. Avez-vous l'intention de voyager ?

—Oui certes, autant que mes trente-sept onces d'or me le permettront.

—Vous êtes bien jeune ! dit le personnage. Comment fait-on le pain ?

—Avec de la farine.

—Et le vin ?

—Avec du raisin.

—Comment fait-on l'or ?

—Je viens vous le demander, seigneur arménien.

—Nous résoudrons le problème une autre fois, répliqua l'Arménien. Écoutez-moi, jeune homme. Mon projet est de partir pour le Grand-Caire, en Égypte. Voulez-vous me suivie ?

—Si je le veux ! dit Cagliostro.

Ils s'assirent alors dans de grands fauteuils de chêne, chacun à un bout d'une table au milieu de laquelle brillait le candélabre à huit cierges.

L'Égypte, reprit l'Arménien, est la terre natale de toute science humaine.

L'astronomie seule eut pour patrie la Chaldée, où les pâtres étudièrent les premiers le cours des astres. Mais l'Égypte s'empara des initiations des Chaldéens, et dépassa bien vite les systèmes et les découvertes des pasteurs. Depuis le règne du pharaon Manès et de ses successeurs, les pharaons Busiris, Osymandyas, Uchortus et Mœris, la science égyptienne a marché pas de géant. Joseph, le devin des songes, fonda la chiromancie. Les prêtres d'Osiris et d'Isis inventèrent le zodiaque ; les cosmogones de Phré et d'Horus révélèrent l'agriculture et les sciences physiques ; les prêtresses d'Anouké dévoilèrent les secrets des philtres ; les prêtres de Sérapis enseignèrent la médecine. Je pourrais poursuivre cette énumération ; mais à quoi bon ? Voulez-vous me suivre en

Égypte ? Je compte m'embarquer demain pour Alexandrie. Nous toucherons à Malte, peut-être à Candie ; nous serons d'ici à huit jours au port du Phare.

— C'est convenu, reprit Cagliostro enchanté et très résolu. J'ai mes trente-sept onces d'or pour ce voyage.

— Et moi pas un écu romain ou napolitain, riposta le personnage.

— Ah ! diable ! reprit Cagliostro.

— Qu'importe ?

— Eh ! ajouta le comte, il importe toujours un peu.

— D'avoir de l'or quand on sait en faire ? se récria l'Arménien. De posséder des diamants quand on peut en tirer d'un charbon, et de plus beaux que ceux de Golconde et du Mongol ? Allons donc ! vous êtes bien jeune !

— Aussi ai-je l'intention formelle de devenir votre disciple, si toutefois vous le voulez bien.

— Touchez là, dit le personnage en lui tendant la main. Je connais le capitaine d'un trois-mâts qui part après-demain pour le Levant. Adieu, Messine !

— Adieu, Sicile ! » ajouta, le comte.

Et le départ fut fixé au surlendemain. Dès ce moment, la vocation de Cagliostro fut déterminée : il allait courir les aventures et s'instruire à l'école des sciences occultes.

III

Le voyage maritime • Les aventures • Le retour • Un mariage d'inclination • Fourberies et initiations • Premier voyage à Paris

Un bâtiment génois qui naviguait pour le commerce reçut à son bord le comte Cagliostro et le prétendu Arménien. Le navire sortit du port à l'entrée de la nuit, par le plus beau temps du monde, au mois de mai, et mit à la voile pour le Levant. Le capitaine, homme résolu, franc buveur dans l'occasion, mais rusé comme tous ceux de sa nation, n'avait pas reçu sans quelque défiance les deux passagers. Pour lever tous ses scrupules, l'Arménien conseilla à son compagnon de payer d'avance à ce forban une partie des frais de transport ; ce qui fut fait, et ce qui mit le Génois en assez belle humeur.

Cagliostro était le caissier de l'association, sauf à régler ses comptes plus tard avec son respectable compagnon de voyage. Pour un roué de son espèce, cette confiance aveugle et subite dans un homme qu'il ne connaissait que depuis trois jours est assez étrange. Mais rappelons-nous bien une observation très juste et qui a été faite depuis longtemps : « Un fripon trouve toujours son maitre. » Toutefois, ne soyons pas trop sévère au sujet du compagnon de Cagliostro ; on n'a recueilli sur la vie de cet étrange personnage que des renseignements très vagues ; la constante admiration, je dirai même la vénération que le comte ne cessa de professer pour son maitre ès sciences prouverait seulement que le vieil Altotas n'était pas un homme sans valeur.

Le lendemain, comme le bâtiment filait pleines voiles, nos deux compagnons, qui n'avaient rien de mieux à faire, se mirent à causer à l'écart sur le pont. Si l'Arménien s'était montré assez instruit au sujet des antécédents de Cagliostro, celui-ci en était encore réduit à faire des conjectures sur son compagnon de voyage. En vrai Sicilien, il prit des biais et des détours pour arriver à connaitre plus exactement l'homme vénérable avec qui il s'était mis à voyager. L'Arménien ne tarda pas à découvrir le but de cette stratégie. Il s'en amusa d'abord, et finit cependant par consentir à des confidences, mais avec certaines réserves.

« Vous vous obstinez, lui dit-il, à me croire Arménien, parce que mon costume a de l'analogie avec les costumes de l'Arménie. Je ne chercherai pas à vous détromper. Mais la vérité exige cependant que je vous fasse un aveu : c'est que j'ignore parfaitement le lieu de ma naissance. Cela vous surprend ? Écoutez-moi. La science peut nous renseigner sur autrui, mais elle est presque toujours impuissante à nous révéler ce que nous sommes nous-même. Autant que mes souvenirs peuvent me le rappeler, je suis certain d'avoir passé ma première enfance sur les côtes Barbaresques, près de Tunis, où j'appartenais à un riche armateur musulman, homme fort humain, qui m'avait acheté de certains pirates, qui eux-mêmes m'avaient volé à mes parents. Donc, j'ai toujours ignoré et mon nom, et ma famille, et mon pays. Voilà ce que j'avais à vous déclarer. À douze ans, je parlais l'arabe comme un indigène ; je lisais le Coran à mon maitre, qui était un bon croyant ; j'étudiais la botanique sous sa direction, et j'apprenais les meilleures méthodes pour faire le café et les sorbets. Mon maitre me réservait à un poste de confiance dans sa maison. Mais la destinée avait disposé de moi autrement. J'avais seize ans lorsque le digne musulman vint à mourir d'une attaque de paralysie. C'est la maladie des habitants du Midi et du Levant ; l'apoplexie n'est commune que vers le centre et le nord de l'Europe, où l'on mange et où l'on boit avec excès. Le brave homme laissait un testament dont un article me concernait. Il me rendait ma liberté et me léguait une somme ronde équivalant à six-mille livres tournois de France. Je bénis sa mémoire, et, cédant à mes gouts déterminés pour le voyage, je quittai la régence de Tunis dès qu'une occasion se présenta. Maintenant, j'arrête là mes confidences pour aujourd'hui. Un jour, si vous êtes digne de toute confiance, je vous révèlerai ma vie. Je suis vieux, plus vieux, beaucoup plus vieux que vous ne pensez et que je ne parais l'être ; mais je connais certains secrets pour conserver la vigueur et la santé ; j'ai trouvé les procédés scientifiques qui produisent de l'or et des pierres précieuses ; je sais dix ou douze langues ; je n'ignore à peu près rien de ce qui compose la somme des connaissances humaines ; rien ne m'étonne, rien ne m'afflige, si ce n'est le mal que je ne puis empêcher, et j'espère arriver avec calme au terme de ma longue existence. Quant à mon nom, il faut bien que vous le sachiez, si toutefois mes voisins, à Messine, ne vous l'ont pas appris : je me nomme Altotas.[1] Oui, ce nom est bien à moi, je l'ai choisi entre mille et je me le

---

1. Cet Altotas était un aventurier qui ne manquait pas de connaissances en chimie et qui parlait plusieurs langues. On n'a jamais su s'il était Grec ou Espagnol. Il possédait plusieurs écrits en langue arabe. Il s'embarqua avec Cagliostro. Ils traversèrent l'Archipel et se rendirent à Alexandrie. (Extrait des pièces de la procédure à Rome, 1790. Imprimerie de la chambre apostolique.)

suis donné en toute propriété. Cela étant dit, mon jeune compagnon, allons prendre du café ; voilà le soleil qui se lève sur la mer, et file de Malte qui montre au loin son blanc rocher couronné de bastions. »

Notre intention n'est pas de suivre le navire qui emportait vers le Levant Cagliostro et son compagnon ni de donner une relation des voyages de ces deux aventuriers. Les documents nous manqueraient, comme ils ont manqué à tous ceux qui ont voulu traiter un pareil sujet.

Il parait certain, d'après la relation de la procédure qui fut instruite contre Cagliostro à Rome, en 1790, que le célèbre aventurier visita l'Archipel et les côtes de la Grèce, et qu'il fit voile pour l'Égypte, où il débarqua à Alexandrie, toujours en compagnie d'Altotas, son maitre en sciences et son initiateur. Quant au voyage en Arabie, il est permis de douter qu'il n'ait jamais et lieu. Ce fut une des mille vanteries de notre charlatan.

Les pièces de la procédure constatent qu'il séjourna pendant quarante jours environ Alexandrie, où son maitre et lui gagnèrent beaucoup d'argent en enseignant certains procédés pour la fabrication d'étoffes qui imitaient l'or, avec du chanvre comme matière première. Ils parvenaient à des résultats surprenants dans cette fabrication, par des opérations chimiques dont ils avaient le secret.

Les deux voyageurs visitèrent-ils les pyramides, les hypogées des ruines de Memphis, le Caire, l'ile Éléphantine, les temples d'Athor et de Luxor ? Remontèrent-ils jusqu'aux cataractes ? Il est permis d'en douter. Les assertions de Cagliostro sur ce sujet, comme sur bien d'autres, n'ont pas à nos yeux la moindre importance. En quittant l'Égypte, il passa à Rhodes. Cela parait prouvé. Là il se livra encore à l'exploitation de ses procédés chimiques ; ce qui fut pour lui et pour son compagnon une source de profits considérables. Leur intention, en partant de Rhodes, était de retourner en Égypte ; mais les vents contraires portèrent le bâtiment vers file de Malte, qui, du reste, était sur leur itinéraire. Ils demandèrent à séjourner dans la ville, et ils furent présentés au grand maitre Pinto, chef suprême de la commanderie.

Le grand maitre de l'ordre de Malte était un demi-savant, fort préoccupé de découvertes et fort enclin à accorder toute créance au merveilleux. Il livra son laboratoire aux deux opérateurs que le sort lui amenait. Que se passa-t-il entre eux ? Les creusets sur les fourneaux se remplirent-ils d'or ? Le diamant, l'émeraude, le rubis jaillirent-ils des mixtures et des fusions ? Le secret sur tout cela est resté au fond du laboratoire du grand maitre de Malte. Seulement, depuis ce moment-là, Altotas, le chimiste et l'alchimiste, le prodigieux, le savant, le sage Altotas disparait complètement. Malte fut son tombeau ou le lieu de son apothéose ; Altotas s'y fondit pour ainsi dire comme une apparition, et Cagliostro seul s'embarqua pour Naples, en compagnie d'un chevalier de Malte auquel le grand maitre l'avait chaudement recommandé.[1]

Arrivé à Naples, Cagliostro s'y établit pour un temps, et y fit même une certaine figure, au moyen de l'argent que lui avait fourni le grand maitre Pinto, et probablement aussi des emprunts qu'il parvint à faire à la bourse très bien pourvue du chevalier son compagnon. Celui-ci le quitta pour se rendre en France.

Un des grands désirs de notre aventurier était de revoir Paierme, bien que cette visite ne fut pas sans danger pour lui. L'orfèvre Marano devait être vivant encore, et sa vengeance aussi. Un prince sicilien était alors à Naples. Cagliostro eut bientôt noué des rapports intimes avec lui. Le prince avait précisément la passion de la chimie ; c'était une épidémie pendant la seconde période du XVIIIe siècle. On peut juger avec quelle habileté Cagliostro exploita la monomanie scientifique du noble Sicilien. Il fut décidé qu'on se rendrait dans les terres du prince. L'habitation était située à quelques lieues de Messine. Cagliostro ne résista pas au désir d'aller un jour revoir la ville qui avait été son point de départ. Comme il se promenait dans les rues, il rencontra une ancienne connaissance. Le personnage était précisément un de ces jeunes aventuriers qui avaient joué le rôle d'esprits évoqués dans la comédie diabolique qui couta soixante onces d'or à Marano, et qui bâtonnèrent l'orfèvre si rudement. On renouvela connaissance. L'aventurier ne conseilla pas à Cagliostro de se montrer à Paierme, où la justice était très irritée contre lui ; mais il lui persuada d'associer sa fortune à la sienne et de le suivre à Naples, où il comptait ouvrir une maison de jeu pour piper tous les riches étrangers qui visitaient l'Italie. Ce procédé pour faire de l'or était fort simple, rapide et infaillible. Il fut du gout de Cagliostro, qui prit bientôt congé du prince sicilien, et partit pour l'Italie avec le futur croupier millionnaire.

Arrivés à Pizzo, village napolitain, ils se virent arrêtés par les carabiniers, sous prétexte qu'ils avaient enlevé une femme. L'hôtellerie fut entourée et fouillée de la cave au grenier. La dame enlevée ne se trouva nulle part. Les carabiniers s'étaient fourvoyés, et les deux aventuriers furent relâchés. Mais à Naples, le gouvernement les regarda d'un œil si sévère qu'ils crurent prudent de gagner les États romains. La tolérance du gouvernement pon-

1. Le chevalier d'Aquino, de l'illustre maison de Caramanica.

tifical les rassurait.

À Rome, il ne fut pas possible d'ouvrir la maison de jeu projetée. Le compagnon de Cagliostro avait été tonsuré autrefois ; il comprit un jour que, dans les États de l'Église, il finirait par être reconnu et démasqué. Le Saint-Office l'épouvanta. Il partit, Dieu sait pour quel pays, et ne reparut plus.

Cependant Cagliostro, qui n'avait aucun antécédent fâcheux du côté de l'Église, et qui n'avait jamais mis le pied à Rome, crut qu'il lui serait profitable de passer pour un honnête homme dans la ville pontificale. On dit même qu'il affecta des sentiments religieux, se montrant aux offices et hantant les palais du haut clergé. Il se fit présenter au bailli de Breteuil, alors ambassadeur de l'ordre de Malte à Rome, et lui prouva aisément dans quels rapports il avait été avec le grand maitre Pinto. Il lui suffisait d'une dupe de haut parage pour en faire cent autres. Le voilà donc débitant des récits merveilleux et des spécifiques pour tous les maux dans la haute société romaine et étrangère. Les ducats et les écus arrivaient chez lui assez abondamment. Il vivait avec un certain luxe, ne se refusant que les jouissances qui auraient pu causer trop de scandale.

Il était jeune, n'ayant que vingt-huit ou trente ans ; il avait des passions ardentes, une volonté ferme, un caractère entreprenant ; mais, tout roué qu'il était, il avait des faiblesses. Or, par une belle soirée, passant sur la place de la Trinité des Pèlerins, il remarqua une ravissante jeune fille assise près d'une fenêtre du rez-de-chaussée, dans le magasin d'un fondeur en cuivre. Deux jours après, il devenait éperdument amoureux de la belle Lorenza, et il la demandait en mariage à son père Feliciani, le fondeur. Celui-ci, fasciné par un titre, un nom aristocratique et des apparences de fortune, accorda la main de sa fille : la belle consentit, partageant les illusions de son père. Le mariage eut lieu, non sans un certain éclat, à la paroisse de Saint-Sauveur des Champs, et les époux furent logés dans la maison du beau-père.

Tout autre eût borné là sa vie aventureuse. Lorenza, jeune, belle, douée des meilleurs sentiments, une modeste aisance, une maison, une famille, le bien-être et la paix, que, demander de plus ? C'était du bonheur pour toute la vie, pour un cœur honnête et pour un esprit sage. Ce bonheur domestique, cette existence dorée et sereine, Cagliostro n'en pouvait vouloir longtemps. Il se rendit indigne d'être aimé et estimé de Lorertza. L'époux de cette jeune femme sage et belle eut la coupable idée d'arriver à la fortune par le déshonneur de sa compagne. Il railla Lorenza sur ses principes, et chercha à affaiblir sa vertu dans un but de spéculation ; il lui donna de fort mauvais conseils, et tenta de lui démontrer que l'art de la coquetterie était légitime quand il menait à la richesse. Lorenza, en bonne fille qu'elle était, se plaignit à sa mère, qui jeta les hauts cris, dévoila tout à son mari, amena des scènes de colère, ne brouilla jamais le gendre et le beau-père, en sorte que Cagliostro sortit de la maison de

Feliciani, mais fit valoir ses droits et emmena sa femme. Dès ce moment, Lorenza fut perdue.

Les voilà établis dans un autre quartier, et ouvrant leur maison à la mauvaise compagnie, c'est-à-dire à ces chevaliers d'industrie qui, à Rome comme ailleurs, vivaient aux dépens des honnêtes gens.

Parmi les nouveaux amis de Cagliostro se trouvaient deux individus fort suspects, dont l'un était un certain Ottavio Nicastro, qui finit ses jours par la potence; l'autre était un soi-disant marquis d'Agliata. Comment Agliata se procurait-il l'argent qu'il jetait par les fenêtres? c'est un mystère encore. Le fait est qu'il en avait beaucoup. Cet homme était une de ces natures audacieuses et perverties qui ne reculent devant rien, pas même devant la chaine et le boulet, pas même devant le gibet. Il avait un infâme et merveilleux talent: il contrefaisait les écritures avec une perfection inouïe.

C'est à l'habileté de ce faussaire que Cagliostro dut son brevet de colonel prussien. On sait avec quelle audace il soutint toujours qu'il était au service du roi de Prusse, et avec quelle persistance effrontée il porta, dans certaines occasions, l'uniforme d'un régiment dont il se disait colonel.

Cependant une grave mésintelligence ayant éclaté entre le marquis, Cagliostro et Nicastro, ce dernier résolut de perdre ses deux adversaires: il dénonça à la police romaine Agliata comme faussaire, et son compagnon comme complice de certaines escroqueries opérées au moyen de billets falsifiés. Agliata fut prévenu qu'on devait l'arrêter. Il n'y avait pas un moment à perdre, et il partit de Rome, emmenant à sa suite Cagliostro et Lorenza.

Ils prirent le chemin de Venise en passant par Lorette; ils arrivèrent sans encombre à Bergame, non sans s'être livrés en route à diverses fourberies. À Bergame, le gouvernement, ayant découvert ce qu'étaient Balsamo, sa femme et d'Agliata, donna l'ordre de les arrêter. Le marquis, plus habile ou plus heureux, trouva moyen de fuir, emportant avec lui le coffre-fort de la société. Quant à Cagliostro et à sa compagne, après un interrogatoire et une instruction, ils virent lever l'écrou de leur prison. Seulement ils furent expulsés de la ville. Dénués de toute ressource, ils prirent le parti d'entreprendre un pèlerinage en Galice, espérant pouvoir faire le voyage d'Espagne au moyen de secours obtenus du clergé et des communautés. Ils traversèrent donc les États de Sardaigne, portant l'habit de pèlerins, et ils arrivèrent à Antibes.

À dater de ce moment, la vie de Cagliostro ne fut, pendant quelques années, qu'une continuelle et incessante pérégrination. Nous ne le suivrons donc qu'à vol d'oiseau, ne nous arrêtant qu'aux lieux où il s'arrêta lui-même assez longtemps pour être remarqué. Cet aventurier, avant de jouer un rôle important sur la scène du monde, à Paris, devait pour ainsi dire essayer tous ses rôles sur divers points de l'Europe. Il préludait en quelque sorte sa réputation ; il la préparait, comme ces acteurs habiles qui savent très bien que Paris étant le point culminant de la renommée, on ne peut y arriver surement que par gradation, et en se faisant annoncer par des succès obtenus à l'étranger.

Cagliostro et sa femme arrivèrent à Barcelone, et, grâce à divers secours d'argent reçus des mains du clergé, ils purent se rendre à Madrid. Quelques nobles Espagnols et des étrangers de distinction ne furent pas insensibles à la beauté de Lorenza, et, si cette malheureuse femme succomba aux pièges qu'on lui tendit, l'odieux de ces faiblesses ne doit cependant pas retomber entièrement sur elle. De Madrid on se rendit à Lisbonne, où on s'embarqua pour l'Angleterre.

Il semblait que cette vie nomade ne dût jamais avoir de terme.

Dans son premier voyage à Londres, Cagliostro fut loin d'obtenir les succès et de se donner l'importance qui l'attendait dans cette ville quelque temps après. À cette époque (1772), il faisait en Angleterre le métier d'un empirique vulgaire plutôt qu'il ne jouait le rôle d'un audacieux et brillant charlatan. Après quelques méchantes affaires, mis en prison pour dette, puis racheté par sa femme, qui dut hésiter avant de faire cette acquisition pour la seconde fois, il songea à quitter Londres.

Une attraction mystérieuse entrainait Cagliostro vers la France. Il comprenait instinctivement que la renommée et la haute fortune qu'il rêvait ne pouvaient s'acquérir que dans ce pays, où toutes les idées exaltées germaient et fleurissaient. La France était alors le théâtre le plus en évidence et le plus favorable pour les exhibitions morales et physiques les plus folles. Cagliostro choisissait bien son terrain.

Vers la fin de l'année 1772, il passa en France avec sa femme, en compagnie d'un certain M. Duplaisir. À Paris, M. Duplaisir logea chez lui la comtesse et l'honorable comte. Mais celui-ci était insatiable ; il vendait cher son honneur. La fortune de Duplaisir se fondait au creuset des passions folles de Cagliostro. À la vue du danger que couraient ses finances, Duplaisir s'effraya et congédia ses terribles hôtes, non sans avoir fait la leçon à Lorenza, dont il estimait certaines qualités natives, et l'avoir fortement engagée à aller rejoindre sa famille, les Feliciani, à Rome. Lorenza y était presque déterminée. Elle eut le courage d'un coup de tête, et elle s'échappa de la maison de son mari. Cagliostro, extrêmement irrité, eut recours à l'autorité du roi, et obtint un ordre de la faire arrêter. Elle fut écrouée à la maison de Sainte-Pélagie, où elle resta plusieurs mois.

Pendant l'incarcération de Lorenza, Cagliostro se livra aux emportements de la vie dissipée qui était son élément. Le maître de danse lyonnais, l'époux de la charmante et célèbre danseuse de ce nom, donnait des bals à ses élèves, bals très courus par la jeunesse dorée de la cour et de la ville. Les dames de l'Opéra étaient la en famille. C'était une réunion de grâces et d'amours. Le 21 décembre 1772, le comte de Cagliostro, mettant la dernière main à sa toilette pour se rendre chez Lyonnais, ne fut pas peu étonné, mais fut moins charmé que surpris, de voir entrer chez lui Lorenza en personne. Elle avait obtenu son élargissement. Le coup de théâtre était inattendu; le comte prit son parti en brave et en homme d'esprit.

« Vite! vite! une toilette de bal pour madame la comtesse, » s'écria-t-il.

Et une heure après, un carrosse emportait au quartier de l'Opéra les deux époux réconciliés.

Une notice biographique, qui sert de commentaire à la *Lettre au peuple anglais* (pièce justificative datée de 1788), dit qu'à l'occasion de ce bal « Cagliostro escroqua à plusieurs fripiers des habits magnifiques, et parut avec sa femme dans le plus brillant équipage.

C'est de cette époque qu'il faut faire dater la réputation de Cagliostro à Paris comme alchimiste. Il avait deux secrets merveilleux, et si jusque-là il avait mis quelque prudence à prôner ses procédés infaillibles pour produire de l'or et pour prolonger la vie humaine, à partir de ce moment il se donna publiquement comme le dépositaire des sciences hermétiques dont l'initiation avait ses sources en Orient. Ainsi, aux yeux des esprits ardents et crédules, Cagliostro commençait, en 1773, à être un homme, prodigieux, possédant le secret de la *pierre philosophale* et la recette mystérieuse de *l'élixir vital.* Or, comme en France, et surtout à Paris, il existe une infinité de gens atteints d'une soif insatiable de jouissances et de richesses, et possédés de la folie de vivre indéfiniment, le grand charlatan, avec son habileté et son audace, ne tarda pas à voir se grouper autour de lui beaucoup de croyants, d'initiés, et de dupes par conséquent.

Précisément à cette époque le *mesmérisme* faisait école en Allemagne. Le magnétiseur Mesmer professait son système, ou plutôt sa religion médicale, à Vienne, où la cour d'Autriche elle-même l'honorait de son protectorat. Les merveilles et les cures opérées par le fluide magnétique étaient annoncées en France comme des découvertes touchant aux limites d'un monde inconnu. L'enthousiasme des croyants commençait à braver et à défier la science. Rien n'est nouveau sous le soleil, pas même la danse des tables, la ronde des guéridons, ou l'intelligence des clés au bout d'un fil, sonnant les heures dans un vase.

La réputation de Mesmer empêchait certainement Cagliostro de dormir. Mais en habile tacticien, au lieu de se faire l'antagoniste de ce grand initiateur, il chercha à pénétrer assez avant dans les mystères du magnétisme, et à le prendre pour auxiliaire au lieu de s'en faire un ennemi. Voulez-vous réussir et produire votre nom au grand jour de la popularité ? Jetez-vous dans le courant de l'opinion publique du moment, bien loin de lui résister, et tâchez même de le devancer ; faites du prosélytisme bruyant ; poussez l'amour du progrès jusqu'à la fureur. Vous serez un esprit supérieur, et chacun croira à votre puissance et à votre intelligence. Vous n'aurez pas fait faire un pas à la science, c'est possible ; mais vous aurez derrière vous un nombreux cortège d'adeptes et d'enthousiastes qui vous applaudiront.

C'est ici l'occasion de dire un mot au sujet de la maçonnerie égyptienne dont Cagliostro fut le fondateur, et dont il commença à établir quelques loges en Europe vers l'année 1774.

Cette maçonnerie, si célèbre à ses débuts, et qui paraissait devoir ruiner de fond en comble sa devancière déjà si florissante, eut, dit-on, une origine très commune et très prosaïque ; elle ne découlait pas de la source toute merveilleuse que les enthousiastes du temps lui attribuaient. Cagliostro prétendait avoir reçu directement l'initiation de sa maçonnerie du grand copte lui-même, qu'il avait visité en Orient. Le grand copte l'avait reçue de ses prédécesseurs, remontant la chaine des temps jusqu'à Énoch et Élie. Ainsi ces deux prophètes étaient les vrais fondateurs de l'ordre dont Cagliostro se trouvait le dernier grand maitre en Europe.

C'est à merveille. Mais si, avec tout le respect que nous devons à Élie et à Énoch, nous persistons à être de l'avis de ceux qui affirment que toute la maçonnerie égyptienne sortit un beau jour de la boutique d'un pauvre libraire de Londres, où Cagliostro trouva, par hasard, un vieux petit bouquin qu'il fit copier et qu'il publia comme la loi fondamentale de l'ordre maçonnique dont il voulait être le Moïse ; si nous persistons à croire cela, que diront Énoch et Élie ? Ils seront de notre avis probablement.

Nous trouvons à ce sujet, dans une correspondance anglaise imprimée chez Treutel, à Strasbourg, en 1788, quelques détails fort curieux.

« Initié aux mystères de la maçonnerie, dit la correspondance, il ne cessa, tant qu'il fut à Londres, de fréquenter les différentes loges. Peu de temps avant de quitter cette ville, il acheta d'un libraire un manuscrit qui paraissait avoir appartenu à un certain Georges Coston, qui lui était absolument inconnu. Il vit qu'il traitait de la maçonnerie égyptienne, mais suivant un système qui avait quelque chose de magique et de superstitieux. Il résolut cependant de former, sur ce plan, un nouveau rite de la maçonnerie, en écartant, dit-il, tout ce qu'il pouvait y avoir d'impie, c'est-à-dire la magie et la superstition. Il établit en effet ce système, et c'est le rite dont il est le fondateur, qui s'est propagé dans toutes les parties du monde et qui a tant contribué à l'étonnante célébrité de son auteur. »

En fondant la franc-maçonnerie égyptienne, on le voit, Cagliostro avait ostensiblement la haute prétention de réformer et de remplacer l'ancienne maçonnerie par une institution d'une philanthropie toute chrétienne. Les esprits enthousiastes et crédules se trompèrent sur son compte ; ils le prirent pour un sage, pour un réformateur digne d'admiration et de respect. C'était là qu'il voulait en venir, et il y parvint avec une surprenante habileté.

Cependant le nouveau prophète agissait encore avec prudence à l'époque dont nous parlons. Il ne fonda en France, à Paris, qu'une loge qui compta peu d'initiés. Il voulait s'assurer le concours de la généralité des francs-maçons en Europe, et pour cela il entreprit de voyager encore, se réservant de rentrer en France dans un moment opportun, et pour y fonder avec éclat la loge suprême qui devait être comme la métropole de l'ordre.

Suivons-le donc encore dans ses pérégrinations aventureuses.

IV

Pérégrinations, aventures • Le frère de Lorenza • Second voyage en Angleterre

près s'être procuré de grosses sommes sur de magnifiques promesses qu'il avait faites à ses adeptes, il partit de Paris et se rendit à Bruxelles. De là il passa en Allemagne, visitant diverses loges. Il avait été reçu franc-maçon depuis deux ans. Tout en professant un grand dévouement pour la maçonnerie, il ne laissa pas de faire pressentir les réformes qu'il projetait. Bientôt il voulut revoir l'Italie et surtout la Sicile. Dans quel but ? Quel aimant dangereux l'attirait vers sa patrie, où il avait tout à redouter ? On l'ignore. Il n'était pas homme cependant à méconnaitre l'adage : *nul n'est prophète dans son pays*. Ajoutons qu'en Sicile, non seulement il risquait fort de passer pour un faux prophète, mais il courait le danger de rencontrer ses premières dupes, et, entre autres, cet implacable orfèvre Marano, qui avait toujours sur le cœur le vol de ses soixante onces d'or et le souvenir douloureux des coups de bâton des esprits évoqués. Marano se montra, en effet, comme le fantôme accusateur. La justice informa ; on arrêta Cagliostro, et il fut même question de faire revivre la procédure commencée contre Joseph Balsamo, à propos du faux testament qu'il avait fabriqué en faveur du marquis Maurigi.

Cagliostro, dans le péril, eut recours à une présence d'esprit qui jamais ne lui faisait défaut. Par des stratagèmes ingénieux, il parvint à tromper la police et il repassa le détroit. Après quelques jours donnés à l'Italie, il s'embarqua pour Malte, toujours eu compagnie de Lorenza. Son illustre ami, le grand maitre, le reçut avec une distinction aveugle. Mais Cagliostro le quitta bientôt pour retourner à Naples, où il avait beaucoup d'adeptes ; et pendant trois mois il professa publiquement, dans cette ville, la chimie et la cabale.

Cagliostro eût voulu arriver à une réputation plus haute. C'est à Rome qu'il aspirait à se montrer dans tout l'éclat de sa puissance. Mais par malheur le Saint-Office veillait sévèrement, dans les États de l'Église, aux intérêts de la religion ; il pourchassait à outrance l'hérésie et brulait l'impiété, sinon les impies. Une certaine odeur de roussi fit peur au disciple bienaimé du grand copte. Il n'osa franchir la limite, et resta dans cette bonne ville de Naples, où le gouvernement n'allumait aucun fagot pour la sorcellerie, laissant dire et laissant passer tout ce qui ne l'atteignait pas, directement. *É per dio! qué fa?* disait le roi des Deux-Siciles. C'était bien ce qu'il fallait à Cagliostro.

La signora Lorenza avait laissé à Rome son jeune frère, qui était devenu un jeune homme d'une remarquable beauté. C'était un de ces types romains, rappelant par la pureté des lignes du visage et l'élégance des formes cette race antique, étrusque et latine, dont les marbres de nos musées nous donnent une juste idée. Lorenza reçut à Naples la visite de Paolo Feliciani ; elle aimait beaucoup sa famille, et elle fut heureuse de retrouver un frère qui lui rappelait ces belles et limpides années de l'enfance, dont le souvenir enivrant nous suit toute la vie. Cagliostro, pour qui tout évènement avait un sens et devait avoir un but, mit à profit cette réunion. Il jugea que son beau-frère pourrait lui être fort utile, et il l'engagea à suivre sa fortune. En cela il fut admirablement secondé par cette bonne Lorenza, qui n'écoutait, elle, que les élans du cœur. Paolo Feliciani connaissait ses propres mérites ; il était habitué aux succès ; il avait de l'ambition et surtout de la vanité ; il se laissa facilement monter la tête par l'habile charlatan, qui lui promit les richesses d'un nabab et une alliance magnifique, à la cour de France ou ailleurs.

« C'est bien là mon rêve, dit Feliciani. »

Et il fit ses adieux à Rome et à la délicieuse Italie pour suivre sa sœur, mais surtout pour suivre la fortune du grand génie, son beau-frère. Cagliostro, Lorenza et Felictani, avec un assez grand train, s'embarquèrent pour Marseille, où ils ne devaient séjourner que peu de jours, leur but étant de parcourir l'Espagne et le Portugal, où la chimie était fort peu répandue, et où Cagliostro devait nécessairement amasser des monceaux de quadruples d'or.

Pendant les quelques jours passés à Marseille, on trouva moyen de nouer des relations avec une dame âgée, riche et coquette, qui s'éprit du comte de Cagliostro. Celui-ci eut l'idée de faire épouser une des filles de cette vieille folle à Feliciani ; mais le beau-frère avait mis sur ses tablettes qu'il serait l'époux d'une infante, d'une Altesse Royale ou de quelque princesse de Trébisonde. Il refusa net le mariage marseillais. Au fait, autant aurait valu ne pas quitter Rome et prendre femme au quartier de la Trinité des Pèlerins, que d'aller épouser une petite Provençale du quartier de la Cannebière. Lorenza fut de l'avis de son frère, et l'on partit pour Barcelone.

Ce second voyage en Espagne ne fut pas plus heureux que le premier. L'Espagne a été de tout temps un pays de fortes croyances selon la foi catholique et de mœurs austères. Les passions peuvent y être ardentes, mais elles ont quelque chose de contenu et de grave ; l'imagination y est plutôt rêveuse que fougueuse et désordonnée ; et puis, et pardessus tout, les Espagnols ont un certain bon sens traditionnel qui les préserve de tous les écarts, de toutes les excentricités si communes chez les peuples du milieu de l'Europe. Le charlatanisme a donc peu de prise sur l'esprit public en Espagne. En revanche, la poésie en a beaucoup ; l'amour du pays et les affections de famille y dominent. L'Espagnol, très exalté, sous des apparences graves, pour son amour, son honneur ou sa vengeance, l'est fort peu pour l'ambition et encore moins pour les richesses. Comme l'idéal est l'objet de sa préoccupation et de sa rêverie, le positif a pour lui peu d'attrait, et, par conséquent, la spéculation, le gain, l'or le tentent médiocrement.

Cagliostro se trompait. Il croyait trouver en Espagne des dupes et des trésors ; il n'y rencontra, à son second voyage, que des esprits défiants et des visages sévères. De Barcelone, il courut à Valence, de Valence à Alicante, et d'Alicante à Cadix.[1] Là seulement, à l'extrémité de la Péninsule, il rencontra un maniaque qui cherchait aussi la pierre philosophale. Le creuset fut mis sur le fourneau ardent ; on ne fit pas de l'or, bien entendu, mais il y eut cependant un résultat sonnant pour Cagliostro. Son confrère en alchimie lui livra, bon gré mal gré, une assez forte somme en or monnayé, sur la promesse de lingots imaginaires.

La signora Lorenza se serait assez accommodée d'une vie paisible et poétique, à Cadix ou dans toute autre partie de l'Andalousie. Il n'en était pas de même de son frère, ce beau et malheureux Paolo Feliciani, qui courait après des ruisseaux de diamants et des princesses enchantées. Se voyant à Cadix, à l'extrémité de l'Europe, et dans le pays de la chevalerie par excellence, sans avoir encore rencontré la plus petite altesse amoureuse de lui, l'impatience le prit, et il se querella vigoureusement avec son beau-frère, le prophète et le chimiste. La bonne Lorenza intervint, et décida son frère à retourner en Italie, d'où il n'aurait jamais dû s'éloigner. Les adieux furent touchants ; ils devaient être éternels. Paolo Feliciani partit, la bourse assez bien garnie, grâce à la tendre *sorella* qui eût bien voulu le suivre, et qui se fût embarquée furtivement avec lui, si l'argus n'eût veillé sur elle. Il fallait suivre la fortune de cet aventurier insatiable de richesses et de réputation,

---

1.   Un écrit du sieur Sachi, chirurgien, imprimé à Strasbourg en 1782, et cité dans la défense de la dame La Motte en 1786 (procès du collier), donne des notes exactes relativement au voyage de Cagliostro en Espagne, où il prenait le nom de don Thiscio, seigneur napolitain. Le sieur Sachi affirme avoir donné des soins à Cagliostro, à sa femme et à son beau-frère.

il fallait affronter tous les hasards et les périls de la vie nomade, de la vie de bohème, tandis qu'à Rome, dans le riant et paisible quartier de la Trinité, elle eût retrouvé encore le foyer de sa famille et les belles compagnes de sa jeunesse !

Cagliostro et sa femme prirent passage sur un bâtiment anglais et se rendirent à Douvres. Ils arrivèrent donc à Londres pour la seconde fois.

C'est à dater de ce second voyage en Angleterre que la réputation et la personne de Cagliostro commencent vraiment à prendre de l'importance. L'aventurier va devenir un personnage considérable et célèbre. Pour les uns, il sera un homme extraordinaire ; pour le vulgaire, il sera un être surnaturel. Cherchons à le suivre et à l'étudier dans cette seconde phase de son existence. Il avait contre lui la raison, la science légale et la morale surtout ; il lutta contre ces trois principes formidables qui sauvegardent la société, et il lutta souvent en brillant athlète. Avouons aussi qu'il fut admirablement secondé par ce vertige qui troublait l'esprit public de l'époque, et qui, aux yeux du sage, était le terrible avant-coureur de cette révolution sociale et politique dont les commotions volcaniques grondaient déjà dans le lointain.

V

Coup d'œil sur la franc-maçonnerie au XVIIIe siècle •
Aventures nouvelles • Mme Fry • Voyage en Allemagne • Le
comte de Saint-Germain dans sa retraite • Présentation •
Arrivée Mittau

Jusqu'ici nous avons suivi le grand aventurier à travers les péripéties, les accidents et les tortueux évènements de sa vie nomade. Il serait temps de jeter un coup d'œil rapide sur les éléments de ses succès, et sur les systèmes qu'il développait et propageait comme chef d'école et grand maitre de l'ordre maçonnique dont il fut l'inventeur.

Un mot, avant tout, sur l'état de la franc-maçonnerie en général, vers le milieu et à la fin du XVIIIe siècle.

Que la maçonnerie date de Thomas Cranmer, évêque apostat qui, en 1558, fut le favori d'Anne de Boulen et qui finit sa vie sur un bucher,[1] ou d'Olivier Cromwell, ou même du vieux roi Arthur, c'est ce qui importe peu dans ce récit. Quoi qu'il en soit, vers le milieu du XVIIIe siècle, la franc-maçonnerie était devenue, en Europe, une puissance occulte et formidable.[2] L'Église romaine s'en émut à tel point que le pape Clément XII, de glorieuse mémoire, publia contre la *secte diabolique,* en 1738, la constitution : *In eminenti,* et fulmina l'excommunication contre tous les *sectaires et adeptes* de la maçonnerie. Benoît XIV ne fut pas moins animé que son prédécesseur contre la *secte diabolique.* Après le jubilé de l'année 1750, il confirma la bulle d'excommunication du pape Clément XII, et il lui donna même plus d'extension dans sa constitution datée du 18 mai 1751, et qui commence par ces paroles mémorables : *Providas Romanorumpontificum....*

Les princes séculiers imitèrent la cour de Rome.

L'Autriche sévit contre la maçonnerie en 1743 ; l'électeur palatin chercha à l'expulser des États de Manheim ; les cours d'Espagne et de Naples, en 1751, rendirent des décrets conformes à la bulle de Benoît XIV. Milan,

---

1.   Thomas Cranmer se faisait appeler : *Flagellum principum.*

2.   La collection des statuts de la franc-maçonnerie parut à Londres, pour la première fois, chez Guillaume Hunteer, imprimeur.

Venise, Gênes et la Savoie firent une rude guerre aux francs-maçons en 1784 et 1785. La France se montrait plus tolérante ; elle s'abreuvait de philosophie, grâce aux encyclopédistes, aux théosophes et aux philanthropes de ce temps-là. Mais ce qu'il y eut de remarquable dans les annales de cette croisade antimaçonnique, ce fut certainement la grande colère dont la porte Ottomane s'anima tout à coup elle-même contre les francs-maçons taxés d'hérésie et d'impiété par le Saint-Office de l'Église romaine. Une loge maçonnique avait été établie clandestinement à Constantinople, dans la maison d'un drogman anglais. Le gouvernement du Grand Seigneur en fut averti. Il sut même que plusieurs Turcs avaient été affiliés. Aussitôt ordre fut donné au capitan-pacha (nous copions textuellement le document) de surprendre ce repaire de brigands et d'incendier la maison. Les francs-maçons assemblés furent avertis à temps ; et on doit penser s'ils *délogèrent* au plus vite. L'Anglais quitta Constantinople, et le vénérable qui présidait la loge, et qui était Français, eut besoin de toute la protection de notre ambassadeur pour se soustraire au bâton des janissaires. Le divan et le Saint-Office, en cette occasion, furent, comme on le voit, parfaitement d'accord.

C'est à l'époque du second voyage de Cagliostro à Londres qu'il faut placer la date de son affiliation à la maçonnerie. Il fut reçu apprenti, compagnon et maitre dans la même journée, à la principale loge maçonnique.

Il ne faut pas s'y tromper ; cette initiation à la maçonnerie avait un but caché, et tout en devenant adepte des sociétés occultes, Cagliostro était bien résolu à s'assoir un jour sur le trône de grand maitre d'une institution rivale et plus puissante, à ses propres yeux du moins.

Revenons à sa vie d'aventurier.

Il y avait alors à Londres une vieille Anglaise, nommée Mme Fry, possédée de la folie de la loterie. La pauvre femme avait la tête faible, mais elle possédait une assez belle fortune. Cagliostro la rencontra par hasard dans un de ces clubs excentriques qui existent en Angleterre depuis des siècles. Il ne fut pas difficile de persuader à Mme Fry qu'il possédait le secret de double vue, et qu'il pouvait d'avance lui indiquer les numéros gagnants. Mme Fry ne quitta plus Cagliostro ; elle se lia d'une amitié tendre avec Lorenza ; elle fut aux petits soins pour l'homme de génie qu'elle avait enfin rencontré. Il se trouva aussi qu'un M. Scott, riche bourgeois de la cité, rêvait, de son côté, des ternes d'or et des quaternes de diamant. Ce M. Scott était de la coterie de Mme Fry. Ils avaient ensemble nourri et engraissé bien des numéros, moyen infaillible de faire maigrir une fortune. Le devin Cagliostro prouva net à l'avide et opulent bourgeois qu'il n'était pas plus difficile de deviner des numéros gagnants que de résoudre un simple problème algébrique.

Mais la science coute cher, la haute science surtout. Les numéros promis étaient de l'espèce la plus rare ; il fallait les attirer, les entrainer à soi par une incantation des plus couteuses : il fallut beaucoup de guinées. Mme Fry en donna pour une forte somme, et M. Scott, qui n'était pas moins friand de quaternes, compléta la somme nécessaire à l'opération cabalistique. Or, voici ce qui arriva : Mme Fry gagna deux-mille livres sterling (50 000 fr.) avec des numéros du choix de l'enchanteur : le hasard fait de ces coups. Sa tête s'affola. Comment témoigner sa reconnaissance au comte de Cagliostro ? Il possédait un secret qui était une mine inépuisable. Le comte, toujours magnifique, refusait des cadeaux ; mais, pour obliger Mme Fry, il voulait bien consentir à opérer en sa faveur certaines transformations scientifiques bien autrement merveilleuses que le don de divination des numéros. Il fallait pour, cela un collier de diamants et une botte d'or. On doublerait, on triplerait, on sextuplerait leur valeur au moyen de la chimie. Mme Fry ne marchanda pas. Elle acheta un magnifique collier de brillants qu'elle passa au cou de la belle Lorenza, et une superbe botte d'or qu'elle glissa d'une manière toute gracieuse dans la poche de la veste de M. le comte. On laissa faire cette bonne Mme Fry.

Les diamants devaient être cachés dans de la terre végétale pendant un certain temps ; là ils devaient se ramollir et se gonfler. Puis, au moyen d'une certaine poudre rose, appelée poudre *consolidante*, il était prouvé qu'ils reprendraient bientôt leur densité ordinaire. L'opération était claire comme le jour : les diamants, grossis par la chimie, devaient acquérir un poids proportionnel à leur volume. Quant à la boite d'or, c'était une bagatelle. Elle devait prendre des proportions quadruples, et peser en conséquence de sa masse. Mme Fry était aux anges. Elle allait être initiée aux secrets de la création ; elle eût donné pour cela deux fois la somme gagnée à la loterie. Les deux-mille livres sterling suffisaient ; cependant on était loin de les regretter, et on attendit.

Quant à M. Scott, son tour de faveur n'étant pas encore arrivé, il fut invité à *nourrir* encore quelque temps certains numéros indiqués, et qui devaient infailliblement sortir à une époque prochaine. C'est ce qu'il fit avec une persévérance digne de tout éloge, en consciencieux Anglais qu'il était.

Cependant la grande œuvre de Cagliostro était de fonder la maçonnerie égyptienne. C'est à Londres qu'il en jeta les premières bases ; il recruta des adeptes parmi les francs-maçons des loges ordinaires, soit par persuasion, soit par séduction. À tous il promettait un Eldorado. Nous aurons occasion, dans ce livre même, de donner des détails précis au sujet de cette étrange et célèbre maçonnerie, qui venaient en quelque sorte détrôner son alliée. C'était un schisme maçonnique, d'autant plus redoutable aux loges anciennes, qu'il ouvrait une carrière sans borne aux avidités sensuelles, aux cupidités et aux imaginations éprises de merveilleux.[1]

Le séjour de Cagliostro à Londres fut bien un peu troublé par quelques démêlés avec la police, et même avec la justice, grâce à certaines plaintes, à certaines dénonciations d'honnêtes bourgeois et gentlemans devenus les dupes de leur crédulité et des ruses amorçantes du seigneur Cagliostro ; mais, en somme, ce second séjour fut profitable au grand aventurier, qui trouva moyen de quitter l'Angleterre avec un coffre-fort d'une richesse suffisante pour parcourir l'Europe.

Cagliostro se dirigea sur Venise. Là il crut devoir se produire sous le nom et avec le titre de marquis Pellegrini. Venise était assez défiante par nature et par la forme même de son gouvernement.

La police de la république ne plaisantait pas, et le *pont des Soupirs* était bien près du palais ducal, c'est-à-dire de certains succès trop bruyants. Le

---

1. *Dans les Mémoires authentiques*, pour servir à l'histoire de Cagliostro (1785), on lit ce qui suit : « La maçonnerie, prétendue égyptienne fondée sur des erreurs mystiques et superstitieuses, pouvait devenir aussi dangereuse que la maçonnerie commune est innocente. « Celle-ci, a dit l'auteur de *Essai sur les illuminés* (M. de Luchet), est une institution respectable par ses deux bases premières : l'égalité et la charité. Elle a tour à tour essuyé des proscriptions et l'appui le plus décidé ; elle a toujours été l'objet du a respect de la multitude, de l'indifférence du sage et de la tolérance des gouvernements raisonnables. Rien ne peut exister sans les formes. Vraisemblablement le secret des francs-maçons... n'est autre chose que les formes qui donnent un a corps à cette association, dont l'humanité, jusqu'à nos jours, n'a recueilli que des bienfaits. » L'empereur Joseph II, qui prit les francs-maçons sous sa protection, disait, dans un billet écrit de sa main :

« Je ne connais pas leurs mystères, et je n'ai jamais eu assez de curiosité pour les pénétrer ; il me suffit de savoir que la franc-maçonnerie fait toujours quelque bien, qu'elle soutient les pauvres et cultive et protège les lettres, pour faire pour elle quelque chose de plus que dans les autres pays. »

« Je doute, reprend l'auteur des Mémoires authentiques, que l'on doive regarder d'un œil aussi favorable les maçonneries connues sous le nom de rectifiée, de la haute, de la stricte observance. Celle de Cagliostro, avec sa vision béatifique, ses évocations des esprits supérieurs, sa régénération physique et morale, détruisait, dans les esprits, les lumières de la raison, et les portait au fanatisme, qui, dirigé par des fourbes habiles, leur obéit en aveugle et devient capable de tous les crimes. Elle ne manquait pas de rapports avec la sombre folie des *illuminés* d'Allemagne, sur laquelle on peut lire des détails curieux dans le livre de M. de Luchet, déjà cité. »

marquis Pellegrini avait laissé en Italie de vieilles dettes et des irritations mal assoupies. Il partit inopinément pour l'Allemagne, toujours accompagné de la belle Lorenza. Traversant Vienne sans s'y arrêter, ils arrivèrent dans le Holstein.

Si nous en croyons certains mémoires du temps,[1] c'est dans le Holstein que Cagliostro et sa femme eurent l'insigne honneur de visiter le comte, de Saint-Germain, qui reposait alors son immortalité dans ce pays-la. Nous allons parler succinctement de cette étrange entrevue, tout en faisant nos réserves, et sans garantir la véracité des documents que nous avons consultés. Quelle garantie voulez-vous demander au mystère ? quelle authenticité peut avoir le surnaturel ?

Selon les mémoires de 1785 que nous avons sous les yeux, le comte Cagliostro fit demander la faveur d'une audience secrète à l'illustre comte de Saint-Germain (vivait-il encore, mon Dieu?), afin d'aller se prosterner devant le *dieu des croyants* (textuel).

Saint-Germain lui assigna deux heures de la nuit.

Ce moment arrivé, continuent les mémoires, lui et sa femme se revêtirent d'une tunique blanche coupée par une ceinture aurore, et se présentèrent au château.» Le pont-levis se baisse ; un homme de six pieds, vêtu d'une longue robe grise, les mène dans un salon mal éclairé. Tout à coup deux grandes portes s'ouvrent, et un temple resplendissant de mille bougies frappe leurs regards. Sur un autel était assis le comte de Saint-Germain ; à ses pieds deux ministres tenaient deux cassolettes d'or, d'où s'élevaient des parfums doux et modérés. Le dieu avait sur sa poitrine une plaque de diamants dont on supportait à peine l'éclat. Une grande figure blanche et diaphane soutenait dans ses mains un vase sur lequel était écrit : *Élixir de l'immortalité.* Un peu plus loin, on apercevait un miroir immense devant lequel se promenait une figure majestueuse, et au-dessus du miroir était écrit : *Dépôt des âmes errantes.*

Le plus morne silence régnait dans cette enceinte sacrée ; une voix étrange fit cependant entendre ces mots : qui êtes-vous ? d'où venez-vous ? que voulez-vous ?» Alors le comte Cagliostro se prosterna la face contre terre, ainsi que la comtesse, et, après une assez longue pause, il répondit :

«Je viens invoquer le dieu des croyants, le fils de la nature, le père de la vérité. Je viens demander un des quatorze-mille-sept-cents secrets qu'il porte dans son sein. Je viens me faire son esclave, son apôtre, son martyr.»

1. *Mémoires authentiques* pour servir à l'histoire du comte de Cagliostro, 1785.

Le dieu ne répondit rien ; mais après un assez long silence, une voix se fit entendre et dit : « Que se propose la compagne de tes voyages ? »

Lorenza répondit : « Obéir et servir. »

Alors les ténèbres succèdent à l'éclat des lumières, le bruit à la tranquillité, la crainte à la confiance, le trouble à l'espoir, et une voix aigre et menaçante dit : « Malheur qui ne peut supporter les épreuves ! »

Le comte et la comtesse furent séparés. Elle se trouva dans un cabinet, enfermée avec un homme pâle, maigre et grimacier. Il se mit à lui conter ses bonnes fortunes, à lui lire les lettres des plus grands rois ; il finit par lui demander les diamants qui ornaient sa tête. Ravie d'en être quitte à si bon marché, elle s'empressa de les détacher.

Ce premier examinateur fut remplacé par un homme de la plus belle figure, ayant les yeux les plus expressifs, et doué d'une éloquence dangereuse ; mais Lorenza fut insensible et se moqua de lui. Ce poursuivant éconduit lui remit un parchemin ; c'était un *brevet de résistance*. Après cette épreuve, on conduisit la comtesse dans un vaste souterrain où elle vit des hommes enchainés, des femmes qu'on frappait du fouet, des bourreaux qui coupaient des têtes, des condamnés qui buvaient la mort dans des coupes empoisonnées, des fers rougis, des poteaux chargés d'écriteaux infamants : Nous sommes, dit une voix, les martyrs de nos vertus ; voilà comment les humains, au bonheur desquels nous nous consacrons, récompensent nos talents et nos bienfaits. La comtesse fixa un œil serein sur ces tristes victimes de la prétendue justice humaine, et son visage ne montra pas la plus légère altération.

Les épreuves du comte de Cagliostro avaient été d'un autre genre. On avait tenté de soulever sa colère et d'enflammer sa jalousie au sujet de Lorenza ; puis on avait attaqué sa vanité ; enfin on avait cherché à ébranler sa foi et son courage en lui lisant un chapitre du fameux livre de l'avenir, contenant les persécutions qui l'attendaient.

Après cette cérémonie, le comte et sa femme furent ramenés dans le temple, mi on leur déclara qu'on allait les admettre aux divins mystères : Un homme, revêtu d'un long manteau, prit la parole et prononça ces étranges paroles, dont la moralité n'a pas besoin de commentaire :

« Sachez que le grand secret de notre art est de gouverner les hommes, et que l'unique moyen est de ne jamais leur dire la vérité. Ne vous conduisez pas suivant les règles du bon sens ; bravez la raison, et produisez avec courage les plus incroyables absurdités. Souvenez-vous que le premier ressort de la nature, de la politique, de la société, est la reproduction ; que la chimère des mortels est d'être immortels, de connaitre l'avenir lors même qu'ils ignorent le présent, d'être spirituels tandis qu'eux et tout ce qui les environne sont matière. »

Après cette harangue, l'orateur s'inclina devant le dieu des croyants et se retira. Dans le même moment, un homme d'une haute stature parut et enleva la comtesse, qu'il porta devant l'immortel. Saint-Germain.

Le comte de Saint-Germain parla en ces termes :

« Appelé dès ma plus tendre jeunesse aux grandes choses, je m'occupai de connaitre quelle est la véritable gloire. La politique ne me parut que la science de tromper ; la tactique, l'art d'assassiner ; la philosophie, l'orgueilleuse manie de déraisonner ; la physique, de beaux rêves sur la nature et les égarements continuels de gens transportés dans un pays inconnu ; la théologie, la connaissance des misères où conduit l'orgueil humain ; l'histoire, l'étude triste et monotone des erreurs et des perfidies. Je conclus de que l'homme d'État était un menteur adroit ; le héros, un illustre fou ; le philosophe, un être bizarre ; le physicien, un aveugle à plaindre ; le théologien, un précepteur fanatique, et l'historien, un vendeur de paroles. J'entendis parler du dieu de ce temple ; j'épanchai dans son sein mes peines, mes incertitudes, mes désirs. Il s'empara de mon âme, et me fit voir tous les objets sous un autre point de vue. Dès lors je commençai à lire dans l'avenir ; cet univers si borné, si étroit, si désert s'agrandit. Je vécus non seulement avec ceux qui existaient, mais encore avec ceux qui ont existé. Il me fit connaitre les plus belles femmes de l'antiquité : cette Aspasie, cette Léontium, cette Sapho, cette Faustine, cette Sémiramis, cette Irène dont on a tant parlé. Je trouvai bien doux de tout savoir sans rien apprendre, de disposer des trésors de la terre sans les mendier auprès des rois, de commander aux éléments plutôt qu'aux hommes. Le ciel me fit naitre généreux. J'ai de quoi satisfaire mon penchant. Tout ce qui m'environne est riche aimant et prédestiné. »

Pendant ce temps-là, le comte de Cagliostro était initié à un autre genre de mystères dont il ne nous convient pas de parler.

La séance terminée, on reprit le costume de la vie ordinaire. Un superbe repas succéda à cette cérémonie. Dans le cours du festin on apprit aux deux convives que l'élixir de l'immortalité n'était autre chose que du vin de Tokai, teint en rouge ou en vert, suivant l'exigence des cas. On leur enjoignit de suivre divers préceptes essentiels, entre autres :

« Qu'il fallait fuir, détester, calomnier les gens d'esprit ; flatter, chérir, aveugler les sots ; répandre avec mystère que Saint-Germain était âgé de cinqcents ans ; faire de l'or, et des dupes surtout. »

Telle est cette étrange relation. Nous sommes loin de garantir les faits qu'elle rapporte, et nous ne l'avons citée qu'avec toutes les réserves possibles. C'est avec circonspection qu'il faut accueillir de pareils documents. Dans la vie d'un homme extraordinaire comme l'était Cagliostro, la fable se mêle à chaque instant à la vérité ; c'est un tissu d'évènements faux et de faits réels, que la chronique et la fantaisie se mettent à fabriquer de compagnie.

Quant à l'existence du comte de Saint-Germain l'époque dont nous parlons (1775), nous ne la contesterons pas Saint-Germain, comme presque tous les personnages mystérieux, avait disparu depuis peu d'années de la scène du monde. Après avoir ébloui Paris, il avait voulu, sans doute, s'éclipser au milieu de sa gloire. Il déserta un beau jour sans laisser de traces après lui. Il avait la manie de l'immortalité, et le plus sûr moyen d'échapper à la loi commune aux yeux du vulgaire est de cacher une vie qui peut s'éteindre d'un jour à l'autre.[1]

Cagliostro et sa femme passèrent en Courlande, où ils établirent des loges maçonniques selon le rite de la franc-maçonnerie égyptienne. La comtesse était une excellente prédicante pour entrainer les âmes et enchanter les imaginations. Sa beauté fascina un assez grand nombre de seigneurs courlandais. À Mittau, le nombre des poursuivants devint considérable ; for et les bijoux tombaient par monceaux au pied de cette nouvelle Pénélope, qui filait et défilait sa toile avec une admirable adresse. L'engouement et l'enthousiasme des Courlandais furent poussés si loin, que quelques gentilshommes, fort mécontents du duc régnant, eurent, dit-on, la pensée d'offrir la souveraineté du pays à Cagliostro, cet homme divin, cet envoyé du ciel. Le fait est contestable. Dans tous les cas, en l'admettant, il faut supposer que cette idée ne put traverser que des cerveaux échauffés par la fièvre. Quant au duc régnant, il ne s'inquiéta guère, à ce qu'il parait, de son étrange rival ; car le comte et la comtesse de Cagliostro, loin d'être inquiétés, partirent bien tranquillement de Mittau pour Saint-Pétersbourg, emportant, avec des passeports fort en règle, toute la riche cargaison qu'ils avaient amassée.

Nous ne devons pas passer sous silence une séance de magnétisme et

---

1. Le comte de Saint-Germain vivait sous le règne de Louis XV et acquit une grande célébrité. Il prétendait avoir vécu deux-mille ans. Le roi se plaisait aux fables qu'il débitait. Il mourut à Sleswig en 1784. On n'a jamais su son origine ni le lieu de sa naissance.

d'épreuve de double vue qui eut lieu à Mittau même, et qui fit beaucoup de bruit en Europe. Cette séance solennelle est rapportée avec détail dans des pièces authentiques qui servirent de témoignage contre Cagliostro, accusé de s'être livré, dans un but d'impiété, aux sciences occultes.

« Étant passé à Mittau, dit la relation, parmi les circonstances qui contribuèrent à sa haute réputation, la plus frappante, sans doute, fut l'évènement qui justifia la prédiction qu'il avait laite sur Scieffort, à Dantzick. Cagliostro avait prédit la mort de cet illuminé célèbre. Scieffort se tua, en effet, d'un coup de pistolet. »

« Les maçons, qui étaient en grand nombre Mittau, continue la narration, invitèrent le prophète à leurs loges ; il s'y rendit, et il y présida en qualité de chef et de visiteur. Ces différentes loges suivaient les dogmes et les rites de Scieffort et du Suédois Swedenborg. Cagliostro voulut leur démontrer l'excellence de sa maçonnerie égyptienne. Il fonda une loge d'hommes et de femmes, avec toutes les cérémonies prescrites dans son livre. Il parla comme

vénérable dans l'assemblée, et il parla toujours bien, toujours soutenu par cet incroyable lyrisme dont il était en quelque sorte possédé.

Mais tout cela n'ayant pas suffi pour éclairer et convertir les auditeurs, il s'engagea à leur donner une preuve réelle de la vérité des maximes qu'il annonçait, c'est-à-dire de la communion de l'intelligence humaine avec des êtres surnaturels, de la double vue et de la divination. »

« Cagliostro fit donc venir en loge un enfant, fils d'un grand seigneur, il le plaça à genoux devant une table sur laquelle était une carafe d'eau pure, et derrière la carafe quelques bougies allumées ; il fit autour de lui une sorte d'exorcisme, lui imposa les mains sur la tête, et tous deux, dans cette attitude, adressèrent leurs prières à Dieu pour l'heureux accomplissement du travail. Ayant dit alors à l'enfant de regarder dans la carafe, celui-ci s'écria tout à coup qu'il voyait un jardin. Connaissant par là que Dieu le secourait, Cagliostro prit courage, et lui dit de demander à Dieu la grâce de lui faire voir l'ange Michel. »

« D'abord l'enfant dit : « Je vois quelque chose de blanc sans distinguer ce que c'est. » Ensuite il se mit à sauter et à s'agiter comme un possédé, en criant : « Voilà que j'aperçois un enfant comme moi, qui me parait avoir quelque chose d'angélique. » Et il en donna une description conforme à l'idée qu'on se fait des anges. »

« Toute l'assemblée, et Cagliostro lui-même restèrent interdits. Il attribua encore ce succès à la grâce de Dieu, qui, à l'entendre, l'avait toujours assisté et favorisé. Le père de l'enfant désira alors que son fils, avec le secours de la carafe, pût voir ce que faisait en ce moment sa fille ainée, qui était dans une maison de campagne distante de quinze milles de Mittau. L'enfant étant de nouveau exorcisé, ayant les mains du vénérable imposées sur sa tête, et les prières habituelles ayant été adressées au ciel, regarda dans la carafe, et dit que sa sœur, dans ce moment, descendait l'escalier et embrassait un autre de ses frères. Cela parut alors impossible aux assistants, parce que ce même frère était éloigné de plusieurs centaines de milles du lieu où était sa sœur. Cagliostro ne se déconcerta pas ; il dit qu'on pouvait envoyer à la campagne pour vérifier le fait, et tous lui ayant baisé la main, il ferma la loge avec les cérémonies ordinaires. »

« On envoya en effet à la campagne : tout ce que l'on avait refusé de croire se trouva vrai. Le jeune homme embrassé par sa sœur venait d'arriver des pays étrangers. Les hommages, les admirations, les adorations furent prodigués à Cagliostro et à sa femme. Il continua à tenir des assemblées selon son système, et à faire des expériences avec la carafe et l'enfant. Une dame désira que le *pupille* ou la *colombe* vît un de ses frères qui était mort encore jeune : l'enfant le vit en effet. « Il paraissait, ce sont les paroles mêmes de Cagliostro, il paraissait gai et content, ce qui me fit penser qu'il était dans un lieu de bonheur ; et je fus confirmé ensuite dans cette croyance, parce que, dans les informations que je fis, je sus qu'il avait vécu en bon protestant. »

Résolu enfin de quitter cette ville, le comte tint une dernière loge, dans laquelle il institua un chef à sa place, créa des officiers, et leur donna de vive voix les instructions nécessaires à l'exercice et à la propagation de sa doctrine.

VI

Saint-Pétersbourg • Catherine II et sa cour • Lorenza •
Potemkin • La villa impériale de Czarskœcelo • Le départ

Cagliostro et sa femme quittèrent Mittau, où ils avaient trouvé bons nombre d'admirateurs et de sectateurs. Ils emportaient des sommes considérables. Leur but était d'aller à Saint-Pétersbourg et de conquérir les faveurs de l'impératrice Catherine II, alors dans tout l'éclat de sa puissance.

Mais, dès son arrivée dans la capitale de la Russie, le *prophète* vit bien que la réputation qui l'avait précédé était moins brillante qu'il ne se l'était figuré. Fort prudent et fort habile, il renonça à éblouir d'abord ; il voulut attirer, séduire, étonner s'il était possible.

Il s'annonça donc comme médecin et chimiste, et ne tarda pas à faire du bruit. Son genre de vie assez retiré, son existence mystérieuse éveillèrent l'attention. On s'informa des guérisons miraculeuses qu'il avait opérées en Allemagne par des procédés inconnus, et bientôt il se vit assailli de curieux. Lorenza jouait assez bien son rôle ; elle répondait discrètement et disait très naturellement les plus grosses choses du monde sur les secrets alchimiques et sur l'âge de son mari, puisqu'elle prétendait que Cagliostro vivait depuis des siècles, et qu'elle-même, grâce à la science, était arrivée à l'époque de la maturité, tout en conservant les avantages, la fraicheur, la beauté splendide de la jeunesse. Cette fable amusa les uns et fut prise au sérieux par les autres. Dans la haute compagnie des boyards, il ne fut bientôt parlé que de la belle et mystérieuse Italienne.

Le règne de Catherine II était alors dans tout son éclat. La cour de Russie imitait autant que possible celle de Versailles ; elle était brillante et folle de plaisirs. Le caractère de la grande impératrice est bien connu ; Catherine était douée de qualités éminentes, que d'énormes défauts venaient ternir. À l'âge de quarante ans, étant très belle encore, elle n'avait pas renoncé à la vie galante.

Aux Soltikoff, aux Poniatowski, aux Orloff, et à tant d'autres nobles favoris, avait succédé le prince Potemkin, homme d'État de haut mérite et homme à bonnes fortunes. Instruit, galant, spirituel, très habile, d'un caractère ferme et entreprenant, d'une volonté fière, d'une sureté de coup d'œil et de jugement admirable, il avait captivé toute la confiance, et, il faut bien l'avouer, toute la tendresse de sa souveraine, dont il était à la fois le prunier ministre et le favori. Or, ces amours royales n'étaient un mystère pour personne.

Grâce à l'habileté de son Premier ministre et à sa politique à la fois ferme et audacieuse, Catherine avait conquis la Tauride et la Crimée ; elle avait parcouru triomphalement ses nouveaux États. Son voyage sur le Volga avait rappelé la navigation romanesque de Cléopâtre. De retour dans sa capitale du nord, Catherine régnait avec pompe au milieu d'une cour galante et adulatrice, dont elle était le génie couronné. Ses amitiés étaient illustres. Entre elle et Voltaire, Diderot, d'Alembert, le roi de Prusse, l'empereur Joseph II, c'était un échange d'idées et de sentiments dont la philosophie s'enorgueillissait. Voltaire avait écrit au sujet de la tsarine ce vers fameux :

C'est du nord aujourd'hui que nous vient la lumière, parole de courtisan, mais en quelque sorte justifiée par la grande intelligence de l'impératrice de Russie.

Saint-Pétersbourg s'embellissait et devenait une capitale vraiment européenne. La civilisation y faisait des progrès avec une rapidité surprenante ; civilisation trop bâtée peut-être pour ne pas conserver longtemps encore cet élément tatar dont le caractère russe a bien de la peine à se débarrasser, même de nos jours.

Comme dans toute capitale, l'extraordinaire avait de grands succès à Saint-Pétersbourg. L'audace des novateurs en philosophie y était applaudie à la cour ; les sciences et les arts y exerçaient une influence prestigieuse, les idées nouvelles y tournaient bien des têtes, chez les castes nobles et surtout parmi la jeunesse.

On avait appris dans cette ville certaines aventures étranges sur le successeur du comte de Saint-Germain, sur Cagliostro le chimiste ou le sorcier, qui avait le secret de l'élixir de vie, et par conséquent de la santé et de la conservation de la jeunesse et de la beauté. Le médecin chimiste, outre ses cures merveilleuses, avait aussi la réputation d'alchimiste initié aux sciences occultes. On doutait qu'il dit trouvé la pierre philosophale, mais on n'osait pas affirmer non plus qu'il n'eût pas le secret de produire de l'or par des mélanges et des diamants par des mixtions. Son fourneau magique tenait en éveil tous les esprits, et la beauté de Lorenza échauffait bien des imaginations.

Une aventure vint à se produire et fit beaucoup de bruit.

L'enfant d'un grand seigneur était dangereusement malade. Il avait à peine un an. Bientôt les médecins déclarèrent qu'ils n'avaient plus d'espoir de le sauver. On parla de Cagliostro au comte et la comtesse ***. Il fut appelé. L'enfant était à toute extrémité. Cagliostro examina le malade, et promit hardiment de le rendre à la santé, mais à la condition qu'on transporterait chez lui cet enfant presque moribond. Les parents y consentirent avec peine ; mais ils ne voulurent pas renoncer à ce dernier moyen de sauver la vie de leur fils bienaimé.

Au bout de huit jours, Cagliostro vint déclarer à la famille que l'enfant allait mieux, mais il continua à interdire aux parents toute visite. Au bout de quinze jours, il permit au père de voir son enfant quelques instants. Le comte ***, transporté de joie après sa visite au malade, offrit à Cagliostro une somme considérable. Celui-ci refusa, déclarant qu'il n'agissait que dans un but d'humanité, et qu'il rendrait l'enfant dans un état de santé parfait, sans accepter la moindre rémunération.

Cette générosité de conduite, cette noblesse de sentiments excitèrent un enthousiasme universel à Saint-Pétersbourg. Les détracteurs du comte de Fénix (c'est le nom que Cagliostro avait pris en arrivant en Russie) eurent la bouche close et demeurèrent confus. Partout où se montrait le célèbre étranger, il était entouré et fêté. Des malades illustres se présentaient chez lui. Il les congédiait avec une rare politesse, avec une aménité charmante, en déclarant qu'ils avaient à Pétersbourg les plus habiles praticiens à leurs ordres, et qu'il se garderait bien de traiter les clients de ses maitres, se regardant comme le plus humble de leurs confrères. Mais si des infirmes et des malades de la classe pauvre venaient réclamer son ministère, il leur prodiguait ses soins, ses médications, les soulageait, les guérissait quelquefois, et, de plus, les assistait de sa bourse avec une générosité princière.

Vraiment cet homme était étourdissant. Le médecin avait réhabilité le charlatan ; le bienfaiteur avait racheté l'aventurier. Le peuple commençait à le regarder comme un être surnaturel, et les hautes classes, forcées de l'admirer, lui rendaient toute leur estime.

Or la belle Lorenza ne contribuait pas peu au succès de son mari. Aux élixirs, aux spécifiques que distribuait le comte de Fénix, elle ajoutait l'aimant de son regard et l'enchantement de ses paroles.

Les vieux seigneurs de la cour, les rudes boyards, commencèrent décidément à devenir plus traitables pour le célèbre aventurier. Magicien ou non, il opérait des guérisons, et donnait de l'argent à ses malades au lieu d'en recevoir. Pour un brigand, c'était un fort honnête homme ; pour un sorcier, c'était un fort bon chrétien. Quant aux jeunes seigneurs, dès l'arrivée du comte de Fénix, ils avaient été ses partisans. Ils étaient si beaux et si noirs, les yeux de la comtesse !

On est forcé d'avouer qu'à cette époque la conduite de Cagliostro était d'une habileté merveilleuse ; il avait trouvé le secret infaillible pour réussir. On était à la veille de le prendre au sérieux, lui, sa morale et sa science, et pour peu qu'il eût encore joué son jeu avec prudence, pour peu surtout que Lorenza eût voulu y aider, Pétersbourg, la cour, les boyards, l'impératrice même accepteraient ce personnage étrange comme un esprit supérieur, un inspiré d'en haut, un ange incarné qui pouvait accomplir des miracles. On était bien pris alors de croire à sa longévité de vingt siècles, à sa divination, à ses secrets surnaturels, à son élixir de vie, à ses fourneaux redoutables, à son or et à ses diamants. Qui sait ? On eût peut-être accepté aussi la franc-maçonnerie égyptienne, et le grand copte serait parvenu probablement à fonder une loge mère à Pétersbourg.

Mais il devait en être autrement. Il arriva que, par une nuit de juin, un droschki s'arrêtât devant la porte de la maison habitée par le comte de Fénix.

Un homme de quarante ans environ, et d'une mise de fort bon gout, descendit de la voiture légère et frappa à la porte discrètement. La porte, fort intelligente et fort obéissante, s'ouvrit aussitôt. Le comte de Fénix (singulier hasard !) se trouvait précisément au pied de l'escalier, un flambeau de vermeil à la main. Il salua l'étranger avec une politesse respectueuse. On échangea deux mots et on monta. C'était une grande faveur accordée, surtout à pareille heure, car on ne pénétrait pas facilement dans le mystérieux logis du grand initiateur.

On traversa une vaste antichambre et un salon splendide. Une porte s'ouvrit ; une tapisserie se souleva, et l'œil put entrevoir la vaporeuse atmosphère d'un boudoir rose et bleu, ravissant gynécée parfumé d'ambre et éclairé d'une douce lumière ; une clarté mate et laiteuse s'échappait d'une lampe d'albâtre.

Vers les trois heures du matin ; à la première aube, l'étranger sortit du mystérieux parloir.

« Madame, dit-il à Lorenza en s'éloignant, demandez-moi tout ce que vous voudrez. »

Lorenza Feliciani pouvait donc ne pas mettre de bornes à ses vœux ; elle pouvait demander l'impossible, car celui qui venait de lui parler ainsi et qui s'éloignait en droschki, n'était autre que le prince Potemkin, Premier ministre et favori de la tsarine.

Le lendemain, un valet de chambre se présenta chez la comtesse de Fénix. Il était porteur d'un bouquet magnifique, composé de fleurs du tropique, les plus rares du monde, et d'un coffret revêtu de maroquin. Il déposa le bouquet et le coffret dans les belles mains de Lorenza.

Le coffret contenait un écrin de diamants dignes d'une Altesse Impériale.

Deux jours après arriva chez Mme de Fénix un personnage respectable par son âge et sa gravité. Il s'annonça comme l'homme de confiance de la comtesse S..., belle dame et très grande dame. Il parla, avec une réserve de bon gout, d'un grand chagrin survenu tout à coup à la personne dont il était le chargé d'affaires. Ce chagrin, Mme la comtesse de Fénix en était la cause, bien involontaire, sans doute, mais enfin la cause réelle. Il s'agissait d'une usurpation, d'un cœur séduit et volé ; Mme de Fénix avait rendu infidèle l'adorateur passionné de la comtesse S.... Mme de Fénix ne pouvait vouloir la mort d'une femme qui ne lui avait fait aucun mal ; elle avait le cœur trop sensible et les sentiments trop élevés ; aussi Mme de Fénix n'hésiterait pas à s'éloigner de Saint-Pétersbourg, la comtesse S.... en était persuadée ; et, comme un départ précipité exigeait des fonds, Mme de Fénix fut suppliée d'accepter une somme de trente-mille roubles (trente-six-mille francs environ), que le messager apportait en or de la part de sa patronne. Comment refuser de se montrer généreuse ? La belle Lorenza n'hésite pas ; elle accepte les rouleaux d'or et promet de quitter Pétersbourg, si ce départ importe au repos d'un cœur blessé. L'homme de confiance de la comtesse S.... se retire enchanté et va rendre compte de sa mission.

Les choses en étaient là. Il fallait prendre un parti. Quel fut celui que conseilla le comte de Fénix, très intéressé dans la question et pour sa bonne part ? On l'ignore. Cependant Lorenza se décida à écrire au mystérieux et puissant visiteur qu'elle avait revu dans le boudoir rose et bleu. Cette lettre était un chef-d'œuvre de sentiment et de générosité. On y lisait entre autres jolies choses : « Veuillez m'adresser un homme de confiance à qui je puisse remettre vos *bienfaits* (nous copions textuellement) ; j'ai fait couler des pleurs et j'ai été assez humiliée pour que l'on ait cru pouvoir, à force d'argent, disposer de mon cœur (elle voulait dire de sa volonté). Hélas ! je ne veux ni présents, ni position, ni honneurs. C'est votre cœur qu'il me faut et sans lequel je ne puis vivre ; qu'on me le laisse, et j'ai tous les biens. Reprenez des dons qui font tant de jaloux, et laissez-moi l'assurance qu'en partant de ce pays, en m'éloignant pour toujours, j'emporte le plus précieux des biens : votre amour.

En recevant cette lettre, le prince bondit de colère. Il devine les menées de la comtesse S..., et, pour la punir, il charge son secrétaire d'une somme de trente-mille roubles, qu'il envoie à la jalouse comtesse de la part de Mme de Fénix. Il court chez celle-ci, tombe à ses pieds et la supplie de rester.

Elle resta. Les diamants et les roubles restèrent aussi où ils se trouvaient. Tout en faisant de la magnanimité, Lorenza gardait ses richesses. L'élève du comte de Lénix commençait à comprendre la vie et la politique.

Or l'amoureux prince était encore au pied de la délicieuse Italienne, sa divinité nouvelle, quand tout à coup on annonce un coureur de l'impératrice. Le coureur apportait un ordre à Mme la comtesse de Fénix, l'ordre de se rendre à la résidence impériale de Czarskœcelo.

Qui fut épouvanté ? Ce fut Lorenza. Qui fut inquiet ? Ce fut le favori, le ministre, le prince infidèle.

Cependant il était homme de tête, et son parti fut bientôt pris. Il conseilla à Lorenza de se rendre sur-le-champ chez l'impératrice, promettant de veiller à tout et de tout sauver.

Revenons un instant au comte de Fénix.

Depuis huit jours il avait rendu à ses parents l'enfant qu'on lui avait confié. Il l'avait rendu dans le meilleur état de santé, frais, coloré, avide du sein de sa nourrice. Le père, dans les transports d'une joie bien naturelle, avait offert au grand médecin une somme de cinq-mille louis. Cagliostro avait d'abord refusé ; puis, pressé, sollicité, il avait hésité. La somme avait été apportée chez lui, il l'avait acceptée.

Mais au bout de quelques jours (l'œil d'une mère est clairvoyant), la mère de l'enfant conçut des doutes affreux ; elle avait cru reconnaitre qu'on lui avait rendu un enfant substitué. Cependant les preuves manquaient. La nouvelle était à l'état de doute. Il s'ensuivait une rumeur sourde et menaçante dans la société.

L'impératrice Catherine avait mandé la comtesse de Fénix à Czarskœcelo. Elle la reçut d'abord avec une dignité imposante. Mais Lorenza était si touchante de grâce, de modestie, de timidité, que la tsarine fut attendrie et qu'elle lui parla avec bonté. Elle lui demanda son histoire, celle de son mari, et elle la questionna avec un tact admirable sur ses liaisons, ne prononçant pas le nom du prince Potemkin, mais le désignant d'une manière assez précise. Lorenza répondit à tout en diplomate consommé ; elle fit de l'attendrissement, et joua l'ingénue en habile comédienne. Catherine, la grande Catherine II, fut dupe de cet art merveilleux.

« Madame, dit-elle (c'est une chronique qui parle), je vous veux du bien, mais les merveilles de votre mari cadrent mal avec la philosophie de nos jours. Je regrette de ne pouvoir vous autoriser à rester eu Russie. Retournez en France ; ce pays-là est mieux préparé que celui-ci à vous recevoir, vous et le comte de Fénix. D'ailleurs, madame, il court des bruits étranges, je vous en préviens....

— Madame (répondit Lorenza en se jetant aux pieds de la tsarine, et croyant que celle-ci faisait une allusion directe à son intrigue avec le prince), madame, je supplie Votre Majesté Impériale de jeter un voile sur une faiblesse qui trouve son excuse dans mon inexpérience.... Vous êtes trop grande pour ne pas pardonner.... Oui, mon cœur s'est laissé entrainer....

— Ah ! ah ! vraiment ? reprit la tsarine, qui en apprenait à ce sujet plus qu'elle n'espérait. Vous allez donc me faire ici un aveu complet de toute cette intrigue. »

Lorenza avoua-t-elle tout ce qu'on voulait savoir ? C'est présumable, car l'impératrice se leva avec une agitation qui trahissait un grand dépit, une jalousie piquée au vif.

« Partez, madame, ajouta-t-elle, je le veux. On vous comptera vingt-mille roubles pour votre voyage. Mais si d'ici à demain vous n'êtes pas sur la route de France, vous et votre mari, je préviens que l'ordre de vous arrêter sera donné. On parle d'un enfant substitué à un autre qui a disparu.... Je n'ai pas encore prêté l'oreille à ces rumeurs ; prenez garde, madame, et partez, je vous le conseille.... je vous l'ordonne. »

Lorenza, tout en pleurs, baisa les mains de la tsarine et se hâta de se retirer. De retour chez elle, son premier soin fut de raconter à son mari tout ce qui s'était passé. Un chambellan de la cour se présenta et remit à Cagliostro la somme de vingt-mille roubles de la part de sa souveraine. Le soir de ce même jour, une chaise de poste à quatre chevaux emportait à fond de train le comte et la comtesse de Fénix, avec un bagage dont l'opulence devait les rassurer sur Tavernr. Ils se dirigeaient vers l'Allemagne ; ils traversèrent Varsovie, plus riches que jamais et plus heureux certainement qu'ils ne le méritaient.

VII

Strasbourg • *Le cardinal Louis de Rohan* • *Médecine et alchimie*

Nous touchons à des évènements qui se rattachent à l'histoire de la cour de France. C'est avec circonspection que nous parlerons de ces intrigues auxquelles furent mêlés des noms augustes et le nom d'un prince de l'Église.

Notre époque encourra un jour le blâme sévère de l'avenir. On s'étonnera, on s'indignera de la facilité avec laquelle des romanciers ont faussé la vérité historique et calomnié des vertus royales pour faire à plaisir de la fantaisie de mauvais gout.

Il serait temps de ramener l'opinion des esprits faibles ou peu instruits dans une voie meilleure, plus saine et plus vraie. Pour notre part, nous chercherons à nous associer à cette œuvre belle et honorable ; nous le tenterons, du moins, dans les limites de nos forces, avec grand cœur, sinon avec grand talent.

Cagliostro et sa femme arrivèrent à Strasbourg précédés par une réputation extraordinaire. L'Alsace était dans ce temps-là (nous aimons à croire qu'il en est encore ainsi aujourd'hui) un pays habité par de bonnes gens. Les esprits en général y étaient naïfs et crédules ; la simplicité était dans les mœurs. Strasbourg, un peu allemand, quoique très français, participait des deux natures des États dont il touche les limites. À la loyauté française, cette ville alliait la candeur allemande ; dans ce pays-là, il était donc facile à un charlatan émérite de séduire la crédulité et d'exalter l'imagination.

Le comte de Cagliostro revenait, disait-il, avec un brevet de colonel, délivré par le roi de Prusse. Le brevet était bien entre ses mains ; il portait même des signes évidents d'authenticité. Nous ne le contesterons pas ; à quoi cela servirait-il ? D'ailleurs, quoi d'étonnant qu'un homme qui a passé sa vie à courir le monde revienne en France avec des décorations, des titres et des diplômes.

La première tentative de Cagliostro fut de s'emparer, de l'esprit du clergé et de gagner la bienveillance et la considération des gens religieux. Il y réussit complètement en faisant preuve d'une générosité et d'un zèle qui avaient tout le mérite de la charité. Il soignait les malades, visitait les hôpitaux, s'associait avec déférence aux œuvres des médecins, proposait avec prudence de nouvelles médications, ne résistait pas aux méthodes adoptées, et honorait également la science basée sur l'expérience et la science nouvelle. Il eut bientôt la réputation d'un chimiste hardi, d'un médecin sagace et d'un novateur éclairé.

Les habitants des quartiers populeux et pauvres le regardaient comme un homme envoyé de Dieu, opérant des cures miraculeuses et répandant des richesses dont il connaissait les sources mystérieuses. Les hautes classes, qui avaient d'abord hésité, l'honorèrent de leur approbation. Elles ne l'attiraient pas, mais elles avaient une envie démesurée de se rencontrer avec lui. Sa magnificence éblouissait, sa science étonnait, sa bienfaisance rassurait.

On citait des guérisons inouïes. On parlait d'opérations alchimiques qui dépassaient les limites du possible.

Le cardinal Louis de Rohan, archevêque de Strasbourg, résidait alors dans son diocèse. Le caractère de ce prince de l'Église est trop connu pour que nous essayions de le peindre ici. C'était avant tout un grand seigneur, dans toute l'étendue de cette expression. Il était fastueux dans ses gouts, mais il avait une rare distinction. À quarante ans, ce prince était encore un des plus beaux hommes de son temps ; ses manières étaient parfaites, son langage poli et mesuré, son esprit doux et ardent, mais enclin à, une certaine crédulité qui lui fut fatale. Le merveilleux l'attirait ; il ne résistait pas aux choses nouvelles et extraordinaires. Il avait malheureusement plus d'imagination que d'instruction solide. On le disait galant dans ses mœurs ; beaucoup d'écrivains l'ont même accusé de porter la galanterie jusqu'au libertinage, ce qui est faux, et eût été contraire à sa timidité, à ses habitudes, au respect qu'il avait pour la dignité de sa race et pour le caractère sacré dont il était revêtu.

Le prince avait été ambassadeur de France à Vienne, à l'époque du mariage de l'archiduchesse Marie-Antoinette avec le dauphin de France. Il avait dignement soutenu l'honneur de Louis XV et de la nation. L'impératrice Marie-Thérèse l'appréciait et le traitait avec cette distinction de haute compagnie, mais retenue et froide, qui était bien dans son caractère. On a prétendu que le prince Louis de Rohan était au mieux avec l'impératrice, qui, dit-on, ne put jamais vaincre l'éloignement de sa fille Marie-Antoinette pour lui. D'abord, Marie-Thérèse ne fut jamais au mieux avec personne ; l'austérité de ses habitudes et de ses sentiments religieux est là pour en témoigner. Quant à l'archiduchesse, elle avait alors quinze ou seize ans, et, tout entière à l'amour de sa mère, à ses études très suivies, à ses jeux presque enfantins, elle se mêlait peu au mouvement de la cour de Vienne, qui, du reste, on le sait bien, n'était ni gaie, ni galante, ni même brillante. Retirée à Schönbrunn avec ses sœurs, elle y achevait une éducation aussi sévère que l'avait été dans le temps l'éducation de Saint-Cyr sous les yeux de Mme de Maintenon.

On peut donc considérer comme une fable la passion que certains romanciers et certains historiens attribuent dès cette époque à l'ambassadeur de France pour la jeune princesse.

Au moment où Cagliostro vint s'établir à Strasbourg, le prince-cardinal avait pour secrétaire l'abbé Georget, un homme de beaucoup d'esprit et de savoir, mais qui manquait de sévérité dans le conseil. Fortement attaché à son maitre, il cédait à ses gouts et perdait ainsi un droit de remontrance qui eût été utile au cardinal dans bien des occasions.

Cagliostro, en homme habile, avait cherché attirer l'attention de l'abbé Georget, et avait trouvé l'occasion de le rencontrer. La science fut d'abord le sujet de leurs entretiens. L'abbé reconnut dans le comte un homme extraordinaire, extravagant peut-être, mais d'un esprit audacieux et qui pouvait bien atteindre à certaines vérités à travers de nombreuses et folles erreurs. Il parla de lui au cardinal, qui témoigna le désir de se le faire présenter. Cagliostro connaissait à fond le caractère de Son Éminence. Il voyait en elle une dupe illustre, et dont il pourrait s'emparer selon l'occasion et les circonstances.

La présentation eut lieu. Cagliostro fut de bonne compagnie, prudent, réservé, mais, en comédien consommé, il laissa entrevoir certaines idées éblouissantes pour un homme crédule comme M. de Rohan.

Peu à peu les visites devinrent plus fréquentes : les bonnes œuvres du médecin excentrique parlaient beaucoup en sa faveur. On en vint à toucher des sujets délicats. La chimie fut un préambule tout naturel pour arriver à l'alchimie. Le cardinal commença par se moquer. Cagliostro accepta la raillerie, et resta poli et grave. Le cardinal avait au fond un désir immodéré d'être initié à de merveilleuses chimères. Le comte lui prouva à sa manière, mais fort adroitement que, dans certains cas, on était amené à déclarer une chose impossible par une erreur des préjugés, de la routine ou de la faiblesse. Le cardinal avait une grande fortune, mais déjà fort obérée. Le comte ne l'ignorait pas ; il tenta l'esprit ardent du grand seigneur, compromis dans ses affaires, en lui montrant des perspectives de richesses inépuisables, richesses dont il savait la source et dont il avait le secret scientifique. Enfin il avoua que, malgré tout l'acharnement de ses ennemis à le poursuivre, il ne possédait pas moins la recette de l'or et du diamant.

Le cardinal ne raillait plus. C'était le point où Cagliostro voulait en venir. Il se laissa provoquer et il accepta le défi. Une assez forte somme fut engagée entre eux. Le cardinal devait payer le prix du pari en beaux louis s'il perdait ; Cagliostro devait payer en lingots.

Au bout de trois ou quatre jours, le cardinal reçut la visite du comte ; quelques intimes assistaient au rendez-vous. Cagliostro apporta des lingots d'or pour une somme énorme. Ils furent éprouvés et reconnus d'un titre irréprochable. Le comte offrit d'en produire d'autres d'une valeur égale et de montrer la matière en fusion aux témoins qu'on désignerait et à Son Éminence elle-même. Le cardinal fut ébloui. Il perdit le prix de son pari, que Cagliostro voulut refuser d'abord, mais que le bon gout et le respect l'obligèrent accepter.

Le succès était complet. En rentrant chez lui, le comte dit à Lorenza (elle l'avoua depuis) qu'il venait de faire la plus belle conquête du monde, et que tôt ou tard M. le cardinal-prince de Rohan, grand aumônier de France, serait son adepte le plus dévoué.

« Cagliostro, dit l'historien du procès de Rome en 1792, s'arrêta quelques années à Strasbourg, et se vanta d'y avoir fait des prodiges dans la médecine. Les guérisons qu'il opéra furent en grand nombre et si merveilleuses, qu'en peu de temps sa maison se trouva pleine de béquilles laissées en exvoto par les estropiés qu'il avait guéris. Ayant été visité par tous les maçons qui avaient établi dans cette ville des loges de la stricte observance, il chercha à leur inspirer, le gout de son rite égyptien. Il reçut un grand nombre d'entre eux, et beaucoup d'autres encore qui n'étaient d'aucune maçonnerie. Ce furent indistinctement des catholiques, des luthériens et des calvinistes. Il tint souvent des loges, tant dans sa maison que dans une campagne délicieuse, qui conserva dans la suite le nom de *villa Cagliostrana*.

« Les expériences magnétiques avaient lieu fréquemment à Strasbourg, et toujours avec succès. Mais la carafe était un moyen matériel bien usé. Cagliostro se contenta d'opérer par l'imposition des mains sur la tête de l'enfant. Quelqu'un soupçonnant que, dans ces sortes de travaux, il y avait quelque compérage entre la pupille et le maitre, proposa d'amener une enfant étrangère et avec qui on ne se mettrait en rapport qu'au moment de l'opération. Cagliostro y consentit, ajoutant que tout ce qu'il opérait n'était qu'un effet de la grâce divine. La pupille fut donc amenée, les travaux réussirent heureusement, et même le comte voulut que la personne qui avait amené l'enfant fît elle-même l'imposition des mains. L'interrogatoire eut lieu, et les réponses de la voyante jetèrent toute l'assistance dans l'admiration. Les questions, dans cette circonstance et dans d'autres, tendaient toujours à découvrir les inclinations de diverses personnes, des faits connus d'elles seules, des causes de maladie et des remèdes efficaces. Cagliostro avoue, dans sa correspondance, que pendant son séjour à Strasbourg il reçut beaucoup d'honneurs, de politesses, de distinctions, et une grande quantité de présents en argent et en bijoux, tant pour lui que pour sa femme. »

Cependant il parut prudent au comte de quitter le séjour de l'Alsace. La franc-maçonnerie y était en quelque sorte à l'index. Beaucoup d'illuminés d'Allemagne venaient le trouver pour se faire affilier au rite égyptien. Il en reçut un certain nombre et congédia ceux qui lui paraissaient offrir peu de garanties de discrétion. Le grand copte se lassa de sa gloire ; d'ailleurs il était temps d'aborder une scène plus haute. C'est à Paris que tendaient toutes les vues et toutes les ambitions du maitre. Sa réputation devait y recevoir cette suprême consécration sans laquelle tous les triomphes obtenus dans le reste de l'Europe ne comptent pas ou ne sont que de peu de valeur. Il en est ainsi pour toutes les illustrations ; toute, célébrité doit venir chercher à Paris ses titres véritables, et en quelque sorte ses parchemins de noblesse.

Nous ne suivrons le comte et la comtesse de Cagliostro ni à Lyon ni à Bordeaux, où ils crurent devoir se rendre encore. Nous irons les attendre dans la capitale du monde civilisé, où ils arrivèrent enfin après de grands circuits, et, pour ainsi dire, après une longue hésitation, qui peut-être n'était qu'un pressentiment de leur avenir.

VIII

L e nouveau règne avait été inauguré par des bienfaits. En montant sur le trône, Louis XVI avait donné à la France l'exemple de toutes les vertus chrétiennes et de toutes les grandes qualités civiles. En 1774, il avait reçu des mains de son aïeul un royaume énervé par les folies et les mœurs licencieuses d'une cour élégante, mais qui avait étrangement abusé de ses privilèges. La philosophie minait la religion et la royauté ; les finances s'épuisaient, l'autorité perdait de sa force morale ; le peuple souffrait. Le jeune monarque jeta un coup d'œil profond sur le présent et sur l'avenir. « Mon Dieu ! s'était-il écrié en montant sur le trône, quel malheur pour moi ! »

Il y avait toute une révélation dans ces paroles. Le prince, saisi d'effroi, doutait de ses forces devant l'œuvre immense qu'il avait à accomplir ; mais le roi chrétien reprit bien vite toute l'énergie que donne la vertu.

La France retrouvait un père. À son avènement, Louis XVI avait composé son conseil d'hommes éprouvés et honorés. Turgot fut chargé de l'administration des finances ; M. de Sartines passa à la marine ; M. de Malesherbes eut les sceaux ; le comte de Vergennes, les affaires étrangères ; M. de Maurepas, la présidence.

Le premier édit du roi avait été un bienfait. Il renonça spontanément à ce droit de *joyeux avènement*, qui, à chaque règne, était une contribution onéreuse pour le pays. Il rappela bientôt après les parlements exilés par Louis XV. Il institua le *Mont-de-piété* comme un refuge contre la misère, et dota les hôpitaux ; il assura le remboursement de la dette publique ; les pensions abusives furent supprimées ; il abolit les corvées, et soulagea ainsi les plus pauvres chaumières de son royaume ; il revit et modifia le Code criminel, en supprimant la torture ; il réforma les abus des procédures et rendit la justice équitable pour tous, en voulant qu'elle fût rendue pour tous indistinctement. C'était l'aurore de l'égalité devant la loi.

Excellent prince, toute son âme tendait au bonheur, au bienêtre matériel et à la moralisation de son peuple!

La cour avait subi des réformes considérables. La maison même du roi avait été diminuée, et jusqu'à l'étiquette, tout se modifiait. Une noble femme, une reine charmante, partageait le trône de ce roi juste et bon.

Mais si la cour de Lrance s'était moralisée depuis quelques années, la ville, il faut en convenir, l'avait peu suivie dans cette voie. Cette habitude d'imiter la cour était bien encore dans les mœurs françaises; mais l'imiter dans des réformes, l'imiter par des privations, par des sacrifices de vanité, par un retour vers des principes moraux et religieux, c'était demander beaucoup à une société qui, la veille encore, vivait sous le règne de Louis XV.

Paris perdait donc peu à peu l'habitude d'imiter Versailles; tout en aimant et en admirant le roi et la reine, il devenait frondeur pour la monarchie et gardait son scepticisme voltairien. Du reste, même relâchement dans les mœurs que sous le règne précédent, même gout effréné pour les plaisirs, même insouciance de l'avenir, mêmes tendances philosophiques et même passion pour les idées nouvelles. Il était de mode alors de tout démolir, sauf à édifier ensuite avec ce qui tomberait sous la main.

À cette époque, la société parisienne de second rang, c'est-à-dire les bourgeois, les avocats, les financiers, une partie de la noblesse de robe, les spéculateurs, les mécontents de tous les ordres, et cette population flottante composée de tous les éléments, cette société parisienne, disons-nous, s'était affolée de liberté; ses instincts ambitieux et vaniteux étaient surexcités. Chez elle l'irréligion dominait, grâce aux encyclopédistes, et l'esprit frondeur presque révolutionnaire s'était éveillé et menaçait, grâce à Beaumarchais.

Eh bien! dans cette période de raison et d'analyse (qui l'aurait cru?) les charlatans avaient leur importance. On niait la divinité du Christ et l'on croyait à la sorcellerie. L'Église et ses dogmes passaient à l'état de chimère, et l'on acceptait sérieusement les théories des sciences hermétiques. La transfusion du sang, l'élixir de vie, les mixtions et les recettes pour la production de l'or, le sublimé carbonique se résumant en diamant, le magnétisme comme médication souveraine, le somnambulisme appliqué à l'art divinatoire, toutes les licences des *banquistes* de l'époque trouvaient crédit presque partout. Sous le portique de la philosophie et de la raison, le surnaturel était à la mode.

On avait cru à l'immortalité du comte de Saint-Germain; on avait couru en foule au baquet magnétique de Mesmer et à ses tiges d'acier aimanté;

on accueillit avec empressement Cagliostro.

Dès son arrivée à Paris, le grand aventurier avait deviné la société crédule et immorale au milieu de laquelle il allait jouer sa comédie d'alchimiste et de sorcier. Il l'étudia pendant près d'un an, et se décida enfin à entrer en scène.

C'est dans la rue Saint-Claude, dont l'extrémité nord donne sur le boulevard du Temple, au Marais, que Cagliostro avait loué une maison isolée, entourée de jardins, profonde, sourde, et qui n'était dominée par aucun voisinage curieux et incommode.

Là il avait établi ses officines, que nul n'était admis à visiter. Bien des gens parlaient de ce laboratoire mystérieux, où l'or coulait en fusion, où le diamant étincelait dans des creusets chauffés à blanc : mais personne n'y avait pénétré. Le comte de Cagliostro recevait son monde et accordait ses consultations dans un vaste et somptueux appartement situé au premier étage, donnant au sud sur la cour et à l'est sur le jardin.

Lorenza Feliciani logeait aussi dans cette maison retirée. Elle y menait une vie en quelque sorte claustrale, ne se produisant que devant une certaine compagnie choisie, à certaines heures et sous des costumes prestigieux.

Sa réputation de beauté courait à la ville. À Paris, on se monte la tête pour une jolie femme autant que pour une découverte au fond de laquelle il y a des millions. Mme de Cagliostro ne tarda pas à passer pour un type accompli de toutes les perfections ; elle réunissait les lignes grecques dans leur adorable pureté et toute l'expression italienne. Aspasie était dépassée, et la plus belle des Vestales romaines aurait devant elle abaissé son voile de dépit. Ses plus chauds partisans, ses enthousiastes les plus exaltés étaient précisément ceux qui n'avaient même pas aperçu son visage. Il y avait des duels à son occasion ; des duels proposés et acceptés pour des disputes survenues à propos de ses yeux noirs ou bleus, à propos d'une fossette à sa joue droite ou gauche.

Que voulez-vous ? La bande des fous est immortelle ; elle ira jusqu'à la fin des temps se promenant à travers le monde. Il n'est femme belle, si bien gardée, qui ne parvienne à s'échapper une fois ; il n'est grille si forte qui ne cède sous la main d'un amoureux, et surtout d'un amoureux qui joue sa vie. La chronique rapporte que Mme Cagliostro éprouva une demi-passion pour un gentilhomme fort épris d'elle et très intrépide dans ses résolutions. Ce nouveau Léandre était jeune, beau, entreprenant ; il se nommait le chevalier d'Oisemont.

On dit que, pour la première fois, Cagliostro montra de la jalousie. C'était commencer un peu tard. Il est vrai qu'il n'était plus jeune et que Lorenza était encore dans toute l'efflorescence de ses belles années. Quoi qu'il en soit, il parait avéré que le chevalier obtint des rendez-vous et qu'il sut se faire aimer.

Une méchante créature vint troubler l'eau limpide de ce beau lac où l'amour se mirait avec tant de complaisance. Cette femme était une de ces aventurières comme on en voyait alors, hantant le monde pour y faire des affaires, et des dupes par conséquent. D'où venait-elle ? Quels étaient ses moyens d'existence ? On l'ignorait. Quant à son nom, il a figuré avec trop de bruit dans un procès célèbre pour que nous cherchions à ne le produire qu'avec discrétion : c'était cette prétendue descendante des Valois, cette dame de La Motte, comtesse de contrebande, issue, disait-elle, de la noble maison des comtes de Saint-Rémy-Valois, mais, en réalité, élevée par les bienfaits d'une noble famille, mariée à un aventurier se disant gentilhomme, belle, jeune encore, adroite, rusée, d'une audace et d'une rouerie peu communes. Cette femme dangereuse et séduisante était affiliée aux escrocs de Paris les plus pervers et les plus redoutables. Elle était à l'affut des dupes ; elle se glissa, on ne sait trop comment, chez Lorenza, et gagna aux trois quarts sa confiance. Ajoutons qu'elle avait aussi celle de M. le cardinal de Rohan, auprès de qui elle était parvenue à s'introduire.

Mme de La Motte surprit un jour un tête-à-tête chez Lorenza. Le comte de Cagliostro était loin de Paris dans ce moment-là. Lorenza ne put dissimuler son inclination, et le chevalier d'Oisemont avoua sa passion. Mme de La Motte se moqua d'eux. Le chevalier se retira, et Lorenza resta avec sa nouvelle amie, le cœur gros et les larmes aux yeux.

« J'ai votre secret, dit Mme de la Motte. Je n'en abuserai pas, mais je mets une condition à mon silence ; vous me servirez auprès de votre mari, vous ferez tout au monde pour que je devienne l'amie de la maison et que j'y aie mes entrées libres. Enfin vous préparerez si bien les choses que Cagliostro mettra à ma disposition sa science prodigieuse et son habileté, si jamais j'ai besoin de ses services. »

Lorenza promit, et se félicita d'acheter à ce prix la discrétion de la *descendante des Valois*. Elle tint parole, et fort peu de temps après une étroite intimité s'établit entre Mme de La Motte et Cagliostro. Mais le chevalier d'Oisemont était incommode ; il voyait le monde, et pouvait, en rencontrant la *fille des Valois* chez le sorcier, déconsidérer la comtesse de La Motte dans la haute compagnie où elle avait un pied.

Alors la méchante femme s'acharna après lui, et fit si bien qu'elle persuada à Lorenza qu'il fallait se débarrasser d'un courtisan qui n'était pas digne d'elle. Lorenza se récria. Mme de La Motte procéda par la raillerie.

«Vous avez là pour adorateur, lui dit-elle un jour, un sot enfant, un oison de collège. Ne montrez jamais cela en bonne compagnie, quand on vise à la célébrité, on doit écarter les chenilles titrées. Si, comme je l'imagine, le mariage vous suffoque, prenez un homme de marque : vous êtes digne d'un prince que je connais ; il est beau ; quoiqu'un peu usé, riche, plein d'esprit, insolent, mais aimable, discret, point *sentimentaire* (nous citons textuellement), homme à procédés. Se voir, s'aimer, s'arranger, souper, tout cela peut se faire aujourd'hui. Voilà les hommes qu'il faut, quand on a une réputation à conquérir ou à conserver.»

Les excellents conseils ! et comme ils partaient d'un cœur honnête ! Mme de Cagliostro répondit que toute autre femme pouvait profiter de ces avis, mais qu'elle était dans un cas particulier. Elle se sentait le cœur engagé, et pour sortir de ces liens elle manquait de courage.

Des éclats de rire accueillirent ces paroles. Lorenza en fut piquée au vif, et tourna le dos à cette intrigante. Les choses en restèrent là pendant quelque temps, et la belle Italienne continua à filer son roman.

La réputation de Cagliostro grandissait de jour en jour. La faculté de médecine commençait à s'occuper de lui assez sérieusement ; il visitait des malades qui le faisaient appeler, mais il ne les visitait que sur des instances réitérées de leur part. J'entends parler ici de malades ayant un nom et quelque importance ; car pour ce qui regardait les pauvres, le médecin-alchimiste les recevait chez lui, les traitait et souvent les guérissait, le tout gratuitement. Si un pauvre diable ne pouvait quitter son grenier, Cagliostro allait le voir, et il ne sortait jamais d'un misérable logis sans y laisser de l'argent. Cette conduite eût été vraiment vertueuse, si elle n'avait pas été si habile et si bien calculée. Quant à la faculté de médecine, elle se préoccupait assez sérieusement, avons-nous dit, de ce singulier médecin. Elle eût certainement bien voulu le savoir hors de Paris et hors de France ; elle jugeait avec assez de fondement qu'il n'était qu'un audacieux et très habile charlatan ; mais ce charlatan guérissait dans certains cas, et l'opinion s'était engouée de lui. Allez lutter contre l'opinion, quand elle protège quelqu'un à Paris, et vous verrez à quelles pointes aigües vous vous heurterez.

La Faculté se contenta donc de protester contre l'illégalité des moyens de médication de Cagliostro. Elle fit écrire certains mémoires contre l'alchimiste et quelques articles dans les gazettes tendant à amortir l'admiration du public pour l'homme *surnaturel*. Moyen excellent de faire les affaires de celui qu'on veut perdre !

Cependant il fallait à Cagliostro une *cure* illustre qui lui valut la protection de la cour. Depuis longtemps il guettait l'occasion de s'introduire chez quelque malade de haut rang, et ce n'était pas sans chagrin qu'il trouvait toujours, en pareil cas, la Faculté lui barrant le passage. Un jour cependant la fortune fut pour lui. M. le prince de Soubise était sérieusement malade de la fièvre scarlatine.[1] Son état devint alarmant. Les médecins désespéraient de l'illustre malade. Cagliostro courut chez le cardinal de Rohan, qui, sans le protéger ouvertement, l'honorait cependant de beaucoup de confiance. Il proposa hardiment à Son Éminence de l'amener chez le prince de Soubise, jurant sur sa tête qu'il le sauverait. Le cardinal hésita. Cependant, continent ne pas tenter ce dernier moyen de salut, puisque la faculté de médecine regardait le malade comme perdu ? Cagliostro monta dans le carrosse de Son Éminence, et se rendit avec elle à l'hôtel de Soubise. Le cardinal annonça un médecin sans le nommer. La famille laissa faire ; quelques domestiques seuls étaient restés dans l'appartement du prince. Cagliostro demanda à rester seul dans la chambre du mourant. On l'y laissa. Une heure après, il appela M. le cardinal de Rohan, et lui dit en lui montrant le malade :

« Dans deux jours, si on suit mes prescriptions, monseigneur le prince de Soubise quittera ce lit et se promènera dans cette chambre. Dans huit jours il sortira en carrosse. Dans trois semaines il ira faire sa cour à Versailles. »

Le cardinal ne répondit rien à cela. Il suivit Cagliostro, et dans la journée même il revint arec lui chez le prince de Soubise. Cette fois Cagliostro apportait une petite fiole dont il donna dix gouttes au malade.

Demain, dit-il au cardinal, nous donnerons au prince cinq gouttes de moins. Après demain il ne prendra que deux gouttes de cet élixir, et il se

---

1. Grimm prétend que Cagliostro se trouvait alors éloigné de Paris et que le cardinal le fit prier avec instance de revenir pour donner des soins au prince.

« À la sollicitation du cardinal de Rohan (dit la correspondance), Cagliostro vint de Strasbourg à Paris voir le prince de Soubise, dangereusement malade. Il n'arriva que lors de la convalescence.

Ceci diminuerait de beaucoup l'importance du service rendu et amoindrirait singulièrement le mérite du médecin alchimiste.

Les *Mémoires authentiques* disent le contraire, ainsi que l'histoire de la vie de Cagliostro, déjà citée.

lèvera dans la soirée.

L'évènement justifia la prédiction. Deux jours après cette première visite, le prince de Soubise était assez bien pour recevoir tous ses amis, et dans la soirée, il demanda à se lever, et on le vit, sans fièvre aucune, faire le tour de sa chambre, causer assez gaiment, s'asseoir dans un fauteuil et demander une aile de poulet qu'on ne lui donna pas, car le médecin amené par M. le cardinal s'était formellement prononcé pour la diète.

Le troisième jour se passa à merveille. Au quatrième jour le prince était en convalescence. Dans la soirée du cinquième jour, M. de Soubise mangea son aile de poulet.

La nouvelle courut la ville. Il y eut bientôt deux-cents carrosses dans la rue Saint-Claude, stationnant à la porte du comte de Cagliostro. Comme on le pense bien, il fut beaucoup question de lui Versailles. On en parla au roi et à la reine, qui furent ravis de la guérison de M. de Soubise. L'un et l'autre envoyèrent chez le prince pour le complimenter sur son rétablissement, mais l'un et l'autre gardèrent leurs médecins ordinaires.

La faculté de médecine conserva dans cette occasion son impassibilité habituelle. Elle répondit très dignement à ceux qui l'interrogeaient que M. le prince de Soubise devait guérir.

Quelques lignes de Grimm viennent à l'appui de l'étonnement que Cagliostro produisait à cette époque dans la haute compagnie ; car pour le peuple, il avait pour lui une admiration fougueuse.

Quelques personnes de la société de M. le cardinal (dit Grimm dans sa correspondance) ont été portées de consulter Cagliostro ; elles se sont fort bien trouvées de ses ordonnances, et n'ont jamais pu parvenir à lui faire accepter la moindre marque de leur reconnaissance. On a soupçonné le comte d'avoir été l'homme de confiance de ce fameux M. de Saint-Germain, qui fit tant parler de lui sous le règne de Mme de Pompadour ; on croit aujourd'hui qu'il est fils d'un des directeurs des mines de Lima ; ce qu'il y a de certain, c'est qu'il a l'accent espagnol et qu'il parait fort riche. Un jour qu'on le pressait chez Mme la comtesse de Brienne de s'expliquer sur l'origine d'une existence si surprenante et si mystérieuse, il répondit en riant : « Tout ce que je puis dire, c'est que je suis né au milieu de la mer Rouge, et que j'ai été élevé sous les ruines d'une pyramide d'Égypte ; c'est là qu'abandonné de mes parents, j'ai trouvé un bon vieillard qui a pris soin de moi ; je tiens de lui tout ce que je sais. »

Un homme qui aujourd'hui, en bonne compagnie, tiendrait ce langage passerait pour un fou; mais vers la fin du XVIIIe siècle, on ne riait plus que de ce qui était respectable. L'Église et la monarchie avaient leurs railleurs. Mesmer, Saint-Martin, Swedenborg, Saint-Germain, Cagliostro avaient leurs croyants et leurs intrépides confesseurs; et jusqu'à ce bon marquis Maurice de Puységur, qui magnétisait les chênes de son parc. À qui donc ne prodiguait-on pas de l'admiration en ce temps-là?

Mais ne soyons pas si vains, nous les héritiers de ce siècle disparu. Avons-nous l'esprit plus ferme et moins prompt à tomber au trébuchet du charlatanisme? Voyez plutôt: le magnétisme, de nos jours, demande carrément ses diplômes de docteur, et le somnambulisme réclame ses trépieds d'or comme la sibylle antique.

À travers tous ses succès, Cagliostro poursuivit l'idée sérieuse de sa vie: la fondation à Paris, de la loge mère de la maçonnerie égyptienne. Toutes les loges qu'il avait établies en Europe ne devaient être que des succursales de cette métropole maçonnique, dont lui-même s'était créé le grand copte ou grand maitre. Donc, à la faveur de sa popularité et de certaines protections venant de haut, il annonça, mais avec précaution, son intention formelle, celle de remplacer la vieille franc-maçonnerie par le rite égyptien. Il y avait alors à Paris soixante-douze loges; elles s'émurent avec raison. La maçonnerie nouvelle se posait comme une réformatrice radicale; elle venait régénérer et purifier; supprimer les abus, imposer des constitutions rigides, réprimer les licences, déplacer des intérêts, froisser des ambitions, enlever des grades usurpés ou mal conférés, en un mot, démolir l'édifice pour le rebâtir. Il n'était donc pas étonnant qu'elle rencontrât une opposition violente chez certains hauts dignitaires fort attachés à leur position et fort peu épris des mystères d'Isis et d'Anubis, que le prophète apportait de l'Orient.

Cependant les zélateurs s'assemblèrent en grand nombre, et résolurent d'examiner à fond la maçonnerie égyptienne, et même d'entendre la prédication de Cagliostro. Il se rendit à une séance solennelle, et il y obtint un succès d'enthousiasme. On dit qu'en effet il déploya dans cette occasion un merveilleux talent d'éloquence. Les frères sortirent de là fascinés, et aux trois, quarts convertis à la foi nouvelle. Ce code maçonnique n'était rien moins que barcane des secrets de la nature que Cambyse le Grand prit dans le temple d'Apis, lorsqu'il fit fustiger ce dieu capricieux.[1]

---

1. *Mémoires pour servir à l'histoire de la Franc-Maçonnerie,* par un rose-croix. Paris, 1790.

Il s'agissait de prouver par des faits les prodiges annoncés par le grand maitre du rite égyptien. Cagliostro n'hésita pas; il annonça que dans un souper intime, composé de six convives désignés parmi les hauts dignitaires de l'ordre maçonnique, il évoquerait les morts qu'on lui désignerait, et qu'ils viendraient s'assoir au banquet, la table devant avoir douze couverts.

La chose parut exorbitante, mais le défi fut accepté. Six convives furent élus : six personnages importants de l'époque, parmi lesquels, s'il faut en croire une autorité franc-maçonne, se trouvait un grand prince.

Nous allons raconter ce souper d'outre-tombe, dont tous les gazetiers de l'époque entretinrent leurs lecteurs, et dont le public s'émut assez sérieusement. Il est bien entendu que nous faisons ici nos réserves, et que nous laissons toute la responsabilité des faits au narrateur que nous avons consulté. Il est fâcheux que les noms des six convives de Cagliostro n'aient point été cités. C'est une perte réelle ; mais il parait que sur ce point-là le secret fut fidèlement gardé.

Le souper eut lieu rue Saint-Claude, et à l'insu de Lorenza.

À minuit on se trouva au complet. Une table ronde, de douze couverts, fut servie avec un luxe inouï, dans une salle où tout était en harmonie avec l'opération cabalistique qui devait avoir lieu. Les six convives, et Cagliostro septième, prirent place. On devait donc être *treize* à table ! Le souper servi, les gens furent renvoyés avec menace d'être tués roide s'ils tentaient d'ouvrir les portes avant d'être rappelés. Ceci était renouvelé des soupers du régent.

Chaque convive demanda le mort qu'il désirait revoir. Cagliostro prit les noms, les plaça dans la poche de sa veste glacée d'or, et annonça que, sans autre préparation qu'un simple appel de sa part, les esprits évoqués allaient venir de l'autre monde en chair et en os; car, suivant le dogme égyptien, il n'y avait point de morts. Ces convives d'outre-tombe, demandés et attendus avec une émotion croissante, étaient : le duc de Choiseul, Voltaire, d'Alembert, Diderot, l'abbé de Voisenon et Montesquieu. On pouvait se trouver en plus sotte compagnie.

Les noms furent prononcés à haute voix, lentement et avec toute la puissance de volonté dont était doué Cagliostro. Il y eut un moment affreux et plus terrible que l'apparition même, ce fut le moment de l'incertitude ; mais ce ne fut qu'un moment. Les six convives évoqués apparurent, et vinrent prendre place au souper avec toute la courtoisie qui les caractérisait. Quand les invités vivants eurent un peu repris leur respiration, on se hasarda à questionner les morts.

Ici nous laisserons parler l'historiographe de ce prodigieux souper :

« La première question fut : comment l'on se trouvait dans l'autre monde. « Il n'y a point d'autre monde, répondit d'Alembert. La mort n'est qu'une cessation des maux qui vous ont tourmentés. On n'a nulle espèce de plaisir, mais on ne connait aussi aucune peine. Je n'ai pas trouvé Mlle de l'Espinasse, mais aussi n'ai-je pas vu de Linguet. On est fort sincère. Quelques morts qui sont venus nous rejoindre m'ont assuré que j'étais presque oublié. Je m'en suis consolé. Les hommes ne valent pas la peine qu'on s'en occupe. Je ne les ai jamais aimés, maintenant je les méprise. »

« Qu'avez-vous fait de votre savoir ? » demanda M. de.... à Diderot. « Je n'ai pas été savant comme on l'a cru, répondit-il ; ma mémoire me retraçait ce que j'avais lu, et, lorsque j'écrivais, je prenais de côté et d'autre. De là vient le décousu de mes livres, qu'on ne connaitra pas dans cinquante ans. L'Encyclopédie, dont on me fait honneur, ne m'appartient pas. Le métier d'un rédacteur est de mettre de l'ordre dans le choix des matières. L'homme qui a montré le plus de talent à l'occasion de l'Encyclopédie est celui qui en a fait la table ; et personne ne pense à lui, en a faire honneur. »

« — J'ai beaucoup loué cette entreprise, » dit Voltaire, « parce que je la croyais propre, seconder mes vues philosophiques. À propos de philoso-phie, je ne sais trop si j'avais raison. Depuis ma mort, j'ai appris d'étranges choses. J'ai causé avec une demi-douzaine de papes. Ils sont bons à entendre. Clément XIV et Benoit surtout sont des hommes d'infiniment d'esprit et de bon sens. »

« — Ce qui me fâche un peu, dit le duc de Choiseul, c'est qu'on n'a point de sexe la où nous habitons. Et, quoi qu'on en dise, cette enveloppe char-nelle n'était pas si mal inventée. — À quoi se connait-on donc ? deman-da quelqu'un. — Aux caprices, aux gouts, aux prétentions, à mille petites choses qui sont des grâces chez vous, et des ridicules là-bas. »

« — Ce qui m'a fait vraiment plaisir, » dit l'abbé de Voisenon, c'est que par-mi nous on est guéri de la manie de l'esprit. Vous n'imaginez pas combien l'on m'a persifflé sur mes petits romans saugrenus, combien l'on s'est moqué de mes notices littéraires. J'ai eu beau dire que je donnais à ces puérilités leur juste valeur ; soit qu'on ne crût pas à la modestie d'un académicien, soit que tant de frivolité ne convint pas à mon état ou à mon âge, j'expie presque tous, les jours les erreurs de ma vie humaine. »

Les questions se succédaient avec tant de rapidité que les esprits ne sa-vaient à qui répondre.

Telle est l'espèce de dialogue des morts qui a été rapporté par l'auteur des Mémoires authentiques pour servir à l'histoire du comte de Cagliostro.

Ce qui est remarquable dans ces scènes dialoguées, c'est la prétention, la sincérité. Si les convives évoqués de l'autre monde parlèrent avec impudence à ce souper nécromancien, ils s'exprimèrent du moins avec une franchise dont il faut leur savoir quelque gré : à travers bien des sottises, ils firent de la censure satirique et n'épargnèrent personne, pas même leur propre personnalité.

IX

Lorenza et les dames de qualité • Cours de magie • Les belles initiées

ous les papiers publics parlèrent du souper des morts, mais aucun n'osa en raconter les suites. L'aventure fit grand bruit. Il en fut question à Versailles. Le nom de Cagliostro fut prononcé au cercle de la cour. Le roi leva les épaules et se mit au jeu, sans plus se soucier du sorcier et de ses incantations. Le duc de R.... voulut raconter une autre anecdote à peu près sur le même sujet.

« Allons donc, dit la reine avec ce dédain qui chez elle s'exprimait par une moue charmante, allons donc, monsieur le duc, ne me parlez plus de ce charlatan. »

Certes de telles paroles n'annonçaient pas de la part de Marie-Antoinette une curiosité bien vive au sujet de Cagliostro, comme certains écrivains ont voulu le faire accroire au public. Elle ne vit jamais ce charlatan, et défendit, en toute occasion, qu'il fût question de lui devant elle.

Maintenant, faut-il nier que Cagliostro n'ait surexcité la curiosité d'un certain monde très distingué, et même celle de femmes de haute compagnie, tenant à la cour ? Non certainement. Nous dirons même qu'il y eut bon nombre de folles de qualité qui sollicitèrent en secret d'être admises aux expérimentations occultes du sorcier. Après le souper des morts, il nous reste à parler d'une *initiation* qui eut lieu à huis clos, il est vrai, mais qui s'ébruita bientôt, et qui, par conséquent, eut son moment de célébrité, de vogue et de scandale. Par un dernier reflet du règne passé, le vice à Paris avait encore ses élégances. Tâchons de raconter cette soirée en sauvegardant la morale et les convenances, sans nous écarter de la vérité.

Plusieurs femmes de qualité, les plus écervelées de l'époque, avaient fait proposer à Mme de Cagliostro d'ouvrir pour elles un cours de magie où aucun homme ne serait admis. Lorenza saisit avec empressement ce nouveau moyen de célébrité ; elle vit la duchesse de T...., et lui répondit avec beaucoup de sang-froid qu'elle commencerait ce cours dès qu'on aurait trouvé *trente-six* adeptes. Le jour même la liste fut complète.

Chaque adepte devait verser à la caisse commune cent louis, faire certain serment d'abstinence et se soumettre à tout ce qui serait ordonné.

C'était la loi organique du cours de magie, par la belle *grande maitresse*, Lorenza.

On fixa la séance magique au 7 aout. La scène devait avoir lieu dans une vaste maison, entourée de jardins et d'arbres magnifiques, dans le quartier du faubourg Saint-Honoré, alors très solitaire. Les trente-six adeptes femmes furent exactes au rendez-vous, comme on le pense bien.

C'était une réunion ravissante. Jeunesse, beauté, distinction, suprême élégance, ces dames apportaient là, de quoi tourner la tête à la philosophie la plus rigide. À onze heures, on était au grand complet. En entrant dans la première salle, chaque femme était obligée de quitter sa bouffante, ses soutiens, son faux chignon, et de se revêtir d'une tunique blanche, serrée par une ceinture de couleur. Elles étaient partagées en six théories, distinctes entre elles par les nuances de la ceinture les bleues, les noires, les violettes, les coquelicots, les roses et les impossibles. De plus, chaque adepte reçut un voile ou une écharpe, qui fut placé de gauche à droite.

Quand ces charmantes vestales furent ainsi préparées, on les fit entrer deux à deux dans une salle à voute ronde, splendidement éclairée, et où se trouvaient trente-six fauteuils-bergères recouverts de satin noir. Mme de Gagliostro, vêtue de blanc, était assise sur une espèce de trône, ayant debout à ses côtés deux grandes figures voilées, spectres, hommes ou femmes.

La lumière éclatante du dôme de la salle s'affaiblit insensiblement. Cependant on vit entrer deux femmes vêtues en guerrières, l'épée à la main. La grande maitresse (Lorenza) leur donna des liens de soie avec lesquels Marphise et Clorinde, les deux guerrières, lièrent les jambes et les bras des trente-six adeptes.

Pauvres femmes! comme elles durent, dans ce moment-là, regretter leur folie en se voyant fourvoyées en pareille aventure!

Cette opération terminée, et chacune gardant un silence absolu, la grande maitresse parla ainsi. Nous abrégeons son discours, et pour cause :

« L'état dans lequel vous vous trouvez est le symbole de votre état dans la société. Votre condition de femmes vous place sous la dépendance passive de vos époux. Vous portez des chaines, si grandes dames que vous soyez. Nous sommes toutes, dès l'enfance, sacrifiées à des dieux cruels. Ah! si, brisant ce joug honteux, nous savions nous unir et combattre pour nos droits, vous verriez bientôt le sexe orgueilleux qui nous opprime ramper à nos pieds et mendier nos faveurs, etc. »

Le reste était à l'avenant. Les droits de la femme furent développés avec une logique et une éloquence qui certainement pouvaient rivaliser avec tout ce qu'on entendit depuis dans les clubs. On voit que Lorenza préludait, avant 1789, à cette grande comédie de la régénération et de la réhabilitation de la femme, qui eut, par la suite, en France, bien des représentations.

« Laissons-les faire leurs guerres meurtrières, poursuivit la grande maitresse, ou débrouiller le chaos de leurs lois ; mais nous, chargeons-nous de gouverner l'opinion, d'épurer les mœurs, de cultiver l'esprit, d'entretenir la délicatesse, de diminuer le nombre des infortunés. »

Ce passage fut accueilli par une acclamation générale. Alors les deux guerrières, Marphise et Clorinde, reçurent l'ordre de détacher les liens de soie de ces dames.

« Recouvrez votre liberté, dit Lorenza, et puissiez-vous la recouvrer ainsi dans le monde ! Oui, cette liberté, c'est le premier besoin de toute créature ; ainsi donc, que vos âmes tendent de toute leur ardeur à la conquérir. Mais pouvez-vous compter sur vous-mêmes ? Êtes-vous sures de vos forces ? Quelles garanties m'en donnerez-vous ? Adeptes qui m'écoutez, il faut subir des épreuves. Vous allez vous diviser en six groupes. Chaque couleur se rendra à l'un des six appartements qui correspondent à ce temple (elle voulait dire la salle voutée en dôme) ; là, de terribles tentations viendront vous assaillir.... Allez, mes sœurs, les portes du jardin sont ouvertes, et la lune douce et discrète éclaire le monde. »

Nul ne suivit ces belles dames dans les six appartements donnant chacun sur le jardin. Là, dit-on, les adeptes firent des rencontres inouïes. Chacune d'elles fut abordée par un génie familier, un être impossible et cependant d'une ressemblance si frappante avec l'être bienaimé, le rêve du cœur, l'idéal de la pensée, qu'il fallut toute l'énergie de la volonté, tout le respect dû au serment pour ne pas se laisser attendrir par les plaintes, les soupirs, les supplications de ces prestigieux fantômes. La chronique parle surtout d'un tendre et respectueux Gédéon qui porta bien du trouble dans l'âme d'une adorable et barbare Léonore ; il y eut aussi un beau Médor qui fut traité bien durement par Angélique. Quant à Amadis des Gaules, on dit que, prosterné devant la princesse de Trébisonde, il fut impitoyablement foulé par le pied le plus charmant et le plus délicat. Le triomphe fut général et complet ; il se composait de trente-six victoires individuelles.

On rentra enfin dans la salle voutée, dont le dôme conservait une demi-obscurité. La voix de la grande maitresse se fit entendre. Elle accueillit par les éloges les plus sincères les triomphantes initiées.

Après un quart d'heure de silence et de méditation, le dôme de la salle s'ouvrit, et, sur une grosse boule d'or, descendit un personnage tenant dans sa main un serpent et portant sur la tête une flamme vive comme celle du diamant.

«C'est du génie même de la vérité, dit la grande maitresse, que vous apprendrez les secrets cachés si longtemps à votre sexe. Celui que vous voyez est l'immortel, le divin Cagliostro, sorti du sein d'Abraham et dépositaire de toute science connue et inconnue de la terre.»

Alors l'enchanteur promena sur toutes les beautés qui l'environnaient ses regards magnétiques. Il souriait de ce sourire étrange qui lui était habituel, et avec lequel il fascinait et ravissait.

Mes filles, dit-il, la magie tant décriée n'est, entre des mains pures, que le secret de faire du bien à l'humanité. La magie, c'est l'initiation aux mystères de la nature et la puissance d'user de cette science occulte. Vous ne doutez plus du pouvoir magique; il va jusqu'à l'impossible, les apparitions du jardin vous l'ont prouvé: chacune de vous a vu l'être cher à son cœur, et a conversé avec lui. Ne doutez donc plus de la science hermétique, et venez quelquefois dans ce temple, où les plus hautes connaissances vous seront révélées. Cette première initiation est d'un bon augure; elle prouve que vous êtes dignes de la vérité. Je vous la dirai tout entière, mais par gradation. Aujourd'hui, apprenez seulement de ma bouche que le but sublime de la maçonnerie égyptienne, dont j'apporte les rites du fond de l'Orient, c'est le bonheur de l'humanité. Ce bonheur est illimité; il comprend les jouissances matérielles comme la sérénité de l'âme et les plaisirs de l'intelligence. Tel est le but. Pour y parvenir, la science nous offre ses secrets. La science pénétrant la nature, c'est la magie. Ne m'en demandez pas davantage. Vivez heureuses, et pour cela aimez la paix et l'harmonie; retrempez vos âmes par les émotions douces, aimez et pratiquez le bien; le reste est peu de chose.»

Le grand copte, le génie de la science, Cagliostro, se replaça sur la grosse boule d'or, qui reprit son mouvement ascensionnel et disparut dans les profondeurs de la voute du dôme. La lumière revint à flots rayonnants. Alors on entendit un bruit comme si le parquet craquait et allait s'ouvrir. En effet, une large ouverture se fit au milieu de la salle, et l'on vit apparaitre, montant de dessous terre, une table éblouissante d'argenterie, de vaisselle et de fleurs, et chargée des mets et des vins les plus exquis.

Un bon souper est le complément de toute fête bien ordonnée. Chacune des belles dames alla bien vite dans l'appartement voisin échanger son costume d'adepte contre l'élégante toilette de la femme du monde, et toutes revinrent avec empressement se mettre à table sous la présidence de Lorenza, qui, elle aussi, avait dépouillé les insignes de son grade. Quant à Marphise et à Clorinde, elles s'étaient transformées en ravissantes aimées de l'Opéra, Haïdée et Rosalinde, si vous voulez.

La comédie touchait à sa fin, et Lorenza, redevenue naturelle, annonça aux grandes dames, ses convives, que son but, à elle, avait été de les amuser, et que s'il y avait de la magie dans tout ce qu'elles avaient vu et entendu, elles conviendraient du moins que cette magie-là n'était ni trop noire ni trop diabolique ; elle ajouta que cette séance n'était qu'une simple initiation, et que le cours serait continué et régularisé au gré des nobles adeptes.

On embrassa Lorenza, on la fêta, on la trouva ravissante. On soupa gaiment et de grand appétit, et, vers trois heures du matin, au moment où le rossignol chantait sa dernière roulade et où l'aurore jetait au levant ses premières roses, chacune des belles initiées s'enveloppa de sa mante, regagna la rue par une porte secrète, monta dans une voiture de louage qui attendait, et fut ramenée avec mystère au logis marital, où, probablement, tout dormait en paix.

Le secret de cette séance fut bien gardé pendant huit jours. Peu à peu la chose s'ébruita, mais avec des commentaires fabuleux. Les gazettes parlèrent, et tout ce bruit fut cause qu'il fallut renoncer au cours de magie, au grand regret des initiées.

Cependant nulle ne fut ingrate envers Cagliostro. Il était prôné et porté aux nues. Paris tout entier s'occupa de lui ; l'engouement fit des progrès immenses, et bientôt l'opinion publique se déclara en sa faveur.

Le moment était opportun ; Cagliostro le saisit en habile homme, et, fort de l'opinion contre l'autorité, il annonça publiquement qu'il fondait la franc-maçonnerie égyptienne. Les adeptes arrivaient en foule. Parmi eux se trouvèrent des personnages considérables. Le grand copte déclara qu'il formerait un cénacle composé de treize maitres. Mais ces grades importants ne devaient être conférés qu'à des sommités sociales. Il fallait d'abord avoir une foi vive, tenir un rang dans le monde, jouir d'une réputation sans tache, etc. Il fallait aussi (bonne et prudente condition) posséder au moins cinquante-mille livres de rente et n'avoir aucun lien incommode.

Les candidats pour le cénacle briguaient leur élection. Le duc de *** fut un des plus empressés. Il se permit des remontrances au grand copte, au sujet du petit nombre des maitres, vu le grand nombre des postulants. « Il y a tant de gens, lui disait-il, à qui il vous sera impossible de refuser un grade éminent, et qui ont des droits ! Comment n'admettrez-vous pas tel conseiller au parlement, qui magnétise comme un autre Mesmer, qui s'est élevé contre l'arrêt de la grand-chambre qui frappait les novateurs physiciens ? Comment refuserez-vous le duc de Ch..., qui fait de For, des liqueurs et des teintures stomachiques, au moyen desquelles ce vieillard repousse les atteintes de Fâge ? Que répondrez-vous à Mme la comtesse de M...., qui, après avoir fait un cours complet de chimie chez Demachi, a fini par établir un laboratoire chez elle, où ses femmes, son cocher, son jardinier, son cuisinier, et jusqu'à son marmiton, sont obligés de travailler ? Et le président de V..., qui, sur les fleurs de lis de son siège, rêve d'alchimie, le repousserez-vous ? Et aurez-vous assez de pouvoir pour ne pas admettre au premier rang un grand prince, amiral, architecte, banquier, directeur de spectacle, grand joueur, arbitre de la mode, cité pour ses chevaux, pour ses fêtes et pour l'éducation philosophique qu'il fait donner à ses enfants ? Il vous sera impossible de refuser des gens ayant de pareils titres et une telle influence. Vous serez débordé. Augmentez le cénacle. »

Devant tant de prétentions, et en face de tant de candidats d'un haut rang et d'un mérite incontestable, Cagliostro se trouvait dans un embarras plus grand qu'il ne Favait prévu. Il hésitait, il demandait quelques semaines pour réfléchir et revoir ses statuts, lorsqu'un grand évènement, où il était impliqué, vint tout à coup à éclater. L'attention publique se porta tout entière de ce côté ; et la maçonnerie égyptienne, subitement délaissée, oubliée, se fondit, pour ainsi dire, comme une vapeur brillante emportée par un coup de vent.

Suivons cet évènement l'histoire à la main.

X

Le collier

L'année 1786 avait commencé par des jours sinistres. Les blés avaient manqué, et la disette avait fait sentir ses irritants aiguillons. Dans sa sollicitude paternelle, Louis XVI prit des résolutions énergiques. Les spéculateurs sur les grains furent punis, et le roi contribua par des sacrifices personnels à l'approvisionnement tardif de Paris et de certaines provinces.

Dès les premiers mois de cette année, Marie-Antoinette avait réduit ses dépenses, craignant d'obérer la cassette royale. Pour toute parure elle s'était contentée de faire l'acquisition de quelques brillants pour compléter son écrin, prenant du temps pour en acquitter le payement. Mais ce n'était pas là l'affaire de M. Bœhmer, joaillier de la couronne. Il proposa au roi, pour la reine, une très belle parure de rubis, que Marie-Antoinette refusa. Elle obtint même de Louis XVI la promesse de ne plus rien acheter pour elle en fait de bijoux, très résolue qu'elle était à des économies.

Bœhmer était un homme entreprenant et fort occupé de sa fortune. Il connaissait le gout naturel de la reine pour les diamants, et il avait spéculé sur cet entrainement. La reine avait à peine trente-et-un ans, elle était encore dans tout l'éclat de sa beauté, elle était adorée du roi, qui allait au-devant de ses désirs ; rien ne paraissait devoir s'opposer à la réalisation des projets du joaillier. Bœhmer s'était trompé.

Cependant depuis quelque temps, dans ses folles prévisions, il avait réuni à grands frais les plus beaux diamants du monde pour en composer un collier qui fut digne e la belle reine de France. Ces diamants étaient d'une eau si pure et d'un éclat si magnifique, que l'estimation du collier ne s'élevait pas à moins de seize-cent-mille francs. Il présenta un jour cette parure toute royale au premier gentilhomme de service, qui en parla au roi. Louis XVI allait céder, lorsque la reine le supplia de renoncer à acheter le collier. Elle ajouta : «Je porte rarement des diamants aujourd'hui, et certes j'en ai d'assez beaux. Avec le prix de ce collier, on construirait un navire pour le service du roi et de l'État.

Le joaillier désappointé fit proposer ses diamants à plusieurs cours de l'Europe. Il ne put réussir à les placer.

Il revint à la charge, et sollicita le roi. Même refus. Comme un entêté qu'il était, il se présenta chez la reine, son écrin à la main. La jeune Madame Royale était présente à cette audience. Bœhmer se jeta aux pieds de Marie-Antoinette ; il pleurait et se désespérait, se disant ruiné si la reine n'achetait le collier. Il menaçait d'aller se jeter dans la rivière.

« Relevez-vous, monsieur Bœhmer, répondit la reine d'un ton sévère. Je n'aime pas de pareilles scènes, et les honnêtes gens n'ont pas besoin de supplier à genoux. Je vous regretterais si vous vous donniez la mort, mais je ne serais pas responsable de ce malheur. Non seulement je ne vous ai pas demandé un collier de diamants, mais toutes les fois que vous m'avez fait proposer de nouvelles parures, je vous ai dit que je n'ajouterais pas quatre brillants à ceux que je possède. J'ai donc refusé le collier. Le roi a voulu me le donner ; j'ai remercié. Ne me parlez plus de cela, ne m'en parlez jamais. Tâchez de diviser le collier et le vendre. Je vous sais très mauvais gré de vous être permis cette scène en ma présence et devant cette enfant (elle désignait Madame Royale). Qu'il ne vous arrive jamais de choses semblables. Allez, monsieur. »

Bœhmer se retira effrayé et confus. Il craignait de perdre sa place de joaillier de la couronne. La reine oublia. Il ne fut plus question du collier. Au bout de quelque temps, le bruit courut que Bœhmer avait vendu ces magnifiques diamants au sultan, à Constantinople. C'était peu vraisemblable ; mais la reine le crut, et elle en fut bien aise.

Cependant une femme intrigante et d'une effronterie sans égale, une femme dévorée de la soif de faire fortune, Mme de La Motte, avait eu connaissance de tout ce qui s'était passé la cour au sujet des diamants. Une idée perverse et ardente lui traversa l'esprit ; elle résolut de voler le collier et de passer à l'étranger avec ce trésor. Pour cela il fallait tramer une intrigue. Mme de La Motte fit son plan et s'adjoignit un escroc des plus habiles et des plus discrets, un sieur Villette, ami du comte de La Motte son mari, et qui possédait à un degré effrayant fart infernal de contrefaire les écritures.

Les moyens d'action étaient trouvés ; il fallait une dupe de haut rang pour arriver au but. Mme de La Motte avait quelques relations avec le cardinal de Rohan, qui certainement ne se doutait pas de la perversité de cette femme. Elle avait reçu certaines confidences du cardinal, qui ne pouvait se consoler de sa disgrâce auprès de la reine ; cette disgrâce était le résultat d'une sorte d'antipathie que Marie-Antoinette éprouvait pour M. de Rohan.

Mme de La Motte dit un jour à Son Éminence qu'une occasion des plus favorables se présentait pour faire cesser ce fâcheux état d'hostilité entre la reine et un prince de la maison de Rohan, cardinal, archevêque et grand aumônier de France. Le prince était crédule et d'une nature faible et confiante, avec des apparences de grandeur et même de hauteur. Il fut ravi de ce qu'on lui disait, et demanda des explications. On les lui donna. Son étonnement fut extrême, mais Mme de La Motte expliqua toutes les invraisemblances avec un art infini. Elle persuada au prince de Rohan que la reine avait une envie excessive d'acheter le collier de Bœhmer, qu'elle ne voulait pas le demander au roi de peur d'obérer sa cassette, mais qu'elle avait formé le projet de le payer sur ses économies en prenant des termes. «Pour cela, ajouta la dame de La Motte, il faut choisir un personnage considérable qui sera le prête-nom de la reine et qui inspirera assez de confiance au joailler pour que celui-ci livre les diamants. Eh bien! monseigneur, voilà une occasion unique, étourdissante, introuvable, pour vous réconcilier avec Sa Majesté, pour conquérir sa confiance et gagner même ses bontés.»

Le prince de Rohan fut fasciné. Il ne vit pas le piège; il y posa le pied. Il fut perdu. Dans son, exaltation, il ne répondit à Mme de La Motte qu'en l'appelant son *ange de bonheur,* et il mit sa fortune à sa disposition. Le pauvre homme oubliait une chose; c'est que déjà, sous divers prétextes, cette femme lui avait soustrait une somme de près de cent-mille livres.

Le plan adopté fut celui-ci: Mme de La Motte, qui affirmait avoir des relations secrètes avec Sa Majesté pour des services officieux, devait dire à la reine que M. de Rohan se mettait à ses ordres, et qu'il était trop heureux, trop honoré de devenir sa caution pour l'achat du collier. M. de Rohan proposait, de son côté, de se mettre au lieu et à la place de la reine et de souscrire à Bœhmer des billets payables à divers termes, et pour une somme de seize-cent-mille livres. Il serait bien entendu que Sa Majesté, avant l'échéance de chaque billet, en ferait passer les fonds, par les mains de Mme de La Motte, à M. le cardinal.

«Voyez, monseigneur, ajouta la femme artificieuse, voyez dans quelles relations intimes cette affaire vous place avec la reine. Elle devient votre obligée, sa reconnaissance sera éternelle.»

Le prince crut tout, consentit à tout, espéra tout. Mme de La Motte, en le quittant, le laissa dans un extrême ravissement. Elle le prévint que trois jours ne se passeraient pas sans qu'elle eût une audience particulière de la reine, qui, dans ce moment-là, habitait Trianon. Au bout de quatre ou cinq jours d'attente, elle vint trouver le cardinal, et, d'un air triomphant, elle lui montra un billet qu'elle avait reçu de Sa Majesté, un billet écrit de la main royale. Ce billet portait l'autorisation de faire l'achat du collier pour le compte privé de la reine par les *moyens proposés* et qui étaient acceptés.

L'écriture de Marie-Antoinette fut *reconnue* par le cardinal, dont la tête se perdait follement. À partir de ce moment-là, les choses marchèrent grand train. Bœhmer fut mandé chez le prince de Rohan. Il accepta avec joie la caution et les engagements de Son Éminence.

M. de Rohan, avant de conclure d'une manière absolue l'affaire du collier, eut la pensée coupable de consulter Cagliostro. Hélas! lui, prince de l'Église apostolique, avait donc foi en la *sorcellerie* d'un alchimiste, d'un aventurier! Oui, il faut déplorer cela, et pour l'honneur de la pourpre romaine, et pour la dignité d'un prince de la maison de Rohan.

Le comte de Cagliostro fut prévenu secrètement des projets de Son Éminence. Il se tint sur ses gardes, et, quand il lui arriva une invitation de se rendre chez le prince, il répondit avec une outrecuidance sans pareille: «Si le cardinal est malade, qu'il vienne et je le guérirai; s'il se porte bien, il n'a pas besoin de moi ni moi de lui.»

Cette feinte indifférence ne fit qu'irriter les désirs du cardinal. Il insista, et Cagliostro consentit à se rendre à l'hôtel de Rohan pour une consultation.

Un appartement avait été préparé pour recevoir le prédestiné de l'Orient, le bienaimé du shérif de la Mecque, d'Altotas le Grand, à qui l'avenir apparaissait en pleine lumière. La consultation eut lieu à huis clos, pendant la nuit, devant trois ou quatre intimes, initiés à la science hermétique. Le célèbre alchimiste apparut dans un costume étrange et magnifique. Il était vêtu d'un habit de velours vert, étincelant de broderies d'or fin; ses cheveux, tressés en petites nattes, retombaient sur ses épaules; il portait les plaques de l'ordre maçonnique égyptien; ses doigts ruisselaient de brillants. Il consulta une matière mise en fusion par l'action du feu et contenue dans un bassin d'or. Puis, recueillant ses idées, le regard inspiré et le visage animé d'une émotion surnaturelle, il prononça ces paroles:

«La négociation entreprise par le prince est digne de lui; elle aura un plein succès; elle mettra le comble aux faveurs d'une grande reine et fera briller le jour fortuné où le royaume de France jouira d'une prospérité sans égale, sous l'influence des talents et de la prépondérance de Louis de Rohan.»

Dès le lendemain, 30 janvier, les titres signés par le cardinal furent échangés contre l'écrin, qui resta entre les mains de Son Éminence. Mme de La Motte avait annoncé que l'intention de la reine était de se parer du collier le jour de la fête de la Purification. Il n'y avait donc pas un moment à perdre. L'audacieuse aventurière avertit le cardinal que la reine devait envoyer chercher les diamants chez elle, à Versailles, par un homme de confiance, et elle invita Son Éminence à s'y trouver en personne, pour être témoin oculaire de la remise de l'écrin.

Le cardinal fut exact au rendez-vous. Il entra seul dans l'appartement de, Mme de La Motte, tenant dans ses mains le précieux coffret. Il se plaça dans un cabinet à porte vitrée, donnant sur la chambre au milieu de laquelle le coffret fut placé sur une table. Quelques instants après, la porte s'ouvrit et on annonça : de la part de la reine. Mme de La Motte prit l'écrin et le remit au personnage qui était survenu. Le prince *reconnut* dans ce personnage le valet de chambre de service à Trianon. La scène dura dix minutes. Les diamants furent emportés. Le tour était fait.

Le prétendu valet de chambre que M. le cardinal avait si bien reconnu n'était autre que Villette, admirablement grimé et portant la livrée de la reine. Ainsi le collier, entre les mains de ce faussaire et de son complice, le comte de La Motte, un escroc d'égale valeur, le collier, valant seize-cent-mille livres, était sur la route de Londres, où les deux aventuriers arrivèrent à bon port, résolus à diviser les diamants et à les vendre pour le compte de la *société.*

Le lendemain, jour de la Purification, la reine parut aux offices et au cercle du roi, dans la soirée, sans être parée du magnifique collier. Il y avait de bonnes raisons pour cela ; le cardinal de Rohan était loin encore de les deviner. Il fut néanmoins assez surpris et même inquiet en voyant la toilette fort simple de Sa Majesté. Marie-Antoinette lui parut même plus froide qu'à l'ordinaire à son égard.

Il fallut tout l'art et toute l'habileté de Mme de La Motte pour le rassurer. C'est ce qui eut lieu quelques jours après. Elle lui avait laissé le billet écrit de la *main même* de la reine.

«Monseigneur, lui disait-elle, n'avez-vous pas la lettre de Marie-Antoinette, qui consent à accepter votre intermédiaire et qui vous assure de sa reconnaissance ? Avec une telle pièce que redoutez-vous ? La reine, pour ne surprendre personne, arrivera par gradation, peu à peu, insensiblement, à un changement de ton et de manières enfers vous. Elle a trop de finesse pour brusquer ce changement. Cela donnerait lieu à de l'étonnement, et on ferait la cour mille suppositions plus fâcheuses les unes que les autres. »

Quelques mois passèrent ainsi. Villette était encore en Angleterre avec le sieur de La Motte pour leur affaire importante. Sans Villette, il était impossible de rassurer le cardinal par des lettres de la reine, lettres qu'il désirait avec ardeur, car la conduite de Sa Majesté à son égard restait inexplicable : toujours même réserve glaciale, même dédain ! Enfin Villette arriva secrètement. Mme de La Motte eut recours à son talent de faussaire. Un billet fut remis à Son Éminence. Il était temps, le pauvre homme suffoquait.

C'est qu'un terrible embarras était survenu. Le terme du premier payement du collier approchait, et la reine n'adressait pas au cardinal les cent-mille écus promis pour le remboursement du billet qui allait échoir. Le prince de Rohan en parla à sa confidente. Elle lui répondit :

« Je vois la reine embarrassée pour cet argent ; elle ne vous l'écrit pas pour ne pas vous tourmenter ; mais, monseigneur, vous feriez une chose qui lui serait très agréable en vous chargeant de l'avance de ces trois-cent-mille livres.

—Je n'ai pas cet argent, répondit le cardinal.

—Mais vous avez à votre portée le moyen de vous le procurer, dit la dame de La Motte.

—Par le comte de Cagliostro ? reprit Son Éminence. Oui, je crois qu'il fait de l'or ou à peu près, mais ses préparations demandent au moins six semaines.

—Cagliostro fait des lingots ou n'en fait pas, dit en souriant Mme de La Motte. Nous avons mieux qu'un alchimiste en ce moment. Je connais un financier immensément riche, un Anglais nouvellement débarqué, et qui a autant de pièces d'or qu'un nabab : c'est M. de Sainte-James. Il sera heureux d'être agréable à Votre Éminence. Demandez-lui de vous prêter cent-mille écus.

—Faites vous-même, » dit le prince.

En effet, le financier Sainte-James, homme vain et ambitieux, s'engagea à prêter sur parole au cardinal trois-cent-mille livres. Mme de La Motte lui avait assuré qu'il aurait le cordon rouge par l'influence du prince, en reconnaissance du service rendu.

Le cardinal écrivit à la reine pour lui faire l'offre de la somme pour le premier payement. Mme de La Motte se chargea de faire remettre cette lettre ; mais la réponse fut tardive, car le faussaire Villette était absent.

Villette revint ; sa complice porta aussitôt un billet à M. de Rohan. Il contenait l'acceptation des offres de M. de Sainte-James, mais pour le premier payement seulement.

Cependant il s'agissait de fasciner l'esprit de M. de Rohan à un tel degré que le prince n'hésiterait plus faire tous les sacrifices possibles afin de payer entièrement le collier de diamants qui était au pouvoir des trois fourbes que nous connaissons. Il s'agissait tout simplement de procurer au prince un rendez-vous de quelques minutes avec la reine, un tête-à-tête avec une fausse Marie-Antoinette, bien entendu, mais qui fit une telle illusion sur l'esprit de Monseigneur, qu'il ne doutât pas d'avoir parlé à sa souveraine elle-même.

On dit que Cagliostro, qui magnétisait beaucoup de femmes de toutes les classes, désigna pour jouer ce rôle une fille nommée d'Oliva, qui avait avec la reine une ressemblance étonnante : même taille, même profil, même son de voix, même beauté imposante. D'Oliva accepta le rôle sans trop se douter du danger de la scène qu'elle allait jouer. De riches cadeaux et de plus riches promesses la décidèrent. La chose convenue, Mme de La Motte eut l'effronterie d'aller montrer au cardinal un nouveau billet écrit de la main de Sa Majesté, et dans lequel (incroyable mensonge !) elle accordait un rendez-vous à M. de Rohan, le soir, dans un bosquet de Trianon. La confidente perverse ajouta que la reine dirait dans cette entrevue ce qu'elle ne pouvait pas écrire sur le retour de ses bonnes grâces.

Hélas ! le malheureux prince tomba dans ce piège grossier. Il était aveuglé au dernier point.

Dans la soirée du jour fixé et à l'heure dite, M. de Rohan, vêtu d'une redingote bleue, se trouva au rendez-vous indiqué. Il s'était fait accompagner du baron de Planta, un gentilhomme de sa maison, qui attendit à une assez grande distance le retour de Monseigneur.

La nuit était limpide, éclairée par un faible clair de lune ; mais le bosquet désigné était assez sombre. Mme de La Motte, portant un domino brun, vint trouver M. de Rohan, et le prévint de l'arrivée de la reine. En effet, quelqu'un la suivait. Au frôlement d'une robe de soie, le prince, dont l'émotion était extrême, faillit se trouver mal. Mais, à la vue d'une femme qui était la ressemblance vivante de la reine, il se ranima, et, ne doutant pas qu'il ne fut devant Marie-Antoinette, il salua profondément et baisa une main charmante qu'on lui abandonna. Au pâle rayon de la lune, Monseigneur reconnut le profil de la reine, dont le costume, du reste, était d'une imitation parfaite; c'était un de ces élégants négligés que Marie-Antoinette portait à Trianon. M. de Rohan commença en balbutiant un peu sa propre justification; il allait expliquer toute sa conduite et parler de l'exaltation de ses sentiments, lorsque la fausse reine l'interrompit et lui dit à demi-voix, mais avec précipitation: «Je n'ai qu'un moment à vous donner; je suis contente de vous; je vais bientôt vous élever à la plus haute faveur.» Alors un bruit de pas se fit entendre près du bosquet. La prétendue reine en parut effrayée; elle remit une rose à M. de Rohan et lui dit tout bas: «Voilà Mme la comtesse d'Artois qui me cherche; il faut s'éloigner.»

Le prince quitta le bosquet à l'instant même et du côté opposé. Il rejoignit le baron de Planta et Mme de La Motte, et leur fit part, avec une vive expression de chagrin, du contretemps survenu. Il ne se doutait de rien. Le bruit des pas qu'il avait entendus avait été produit par un compère qui servait l'intrigue arrangée par Mme de La Motte. Quant à Mlle d'Oliva, elle disparut aussi.

Le lendemain, nouvelle petite lettre de la reine apportée au cardinal par l'intrigante audacieuse qui veillait à tout. Dans ce billet, Marie-Antoinette exprimait ses regrets de la fâcheuse interruption de la veille.

Cependant M. de Sainte-James n'avait pas encore remis les fonds. Le terme du payement des cent-mille écus était expiré, et le joailler Bœhmer était d'une impatience bien naturelle. Le pauvre homme avait pris lui-même de terribles engagements qu'il était forcé de remplir. Il chercha donc l'occasion de voir la reine en personne. Cette occasion se présenta. Le roi avait donné l'ordre au joailler de lui apporter une petite épaulette en diamants destinée à figurer au baptême du duc d'Angoulême, qui avait lieu à Versailles deux jours après la scène dont il a été question. Selon l'usage, le roi donnait une épaulette aux princes du sang, à leur naissance.

Cette fois, Louis XVI voulut que ce bijou fût donné par les mains de la reine. Bœhmer remit donc l'épaulette à Marie-Antoinette elle-même, et en même temps un placet où se trouvaient ces deux lignes:

«Je félicite Votre Majesté de posséder les plus beaux diamants connus en Europe, et je la supplie de ne pas m'oublier.»

La reine, quand Bœhmer se fut retiré, lut le placet à haute voix. D'abord fort étonnée, elle finit par lever les épaules avec impatience et se contenta de dire: «Il est fou.» Puis elle brula la lettre.

Mais tout cela demandait une explication. Elle eut lieu, par ordre de Marie-

Antoinette, entre la première femme de chambre de service et le joaillier.

Il résulta de cette conversation que Bœhmer reconnut qu'il était victime d'une trame odieuse.

«Ah! madame, dit-il à la première femme de chambre, je commence à être bien effrayé; car Son Éminence m'avait assuré que la reine porterait son collier le jour de la Pentecôte, et je ne le lui ai pas vu. C'est ce qui m'a décidé à écrire à Sa Majesté.

— Monsieur Bœhmer, répondit la femme de chambre, on vous a volé vos diamants, et la reine ignore tout.»

Toute cette intrigue fut dévoilée à Marie-Antoinette. Son indignation fut au comble. Elle demanda au roi la punition des coupables. Louis XVI engagea sa parole que justice serait faite.

Le cardinal avait pour ennemis personnels le baron de Breteuil et l'abbé de Vermond. Ils poussaient le roi aux plus hautes sévérités.

Le jour de l'Assomption, le prince, grand aumônier, fut mandé dans le cabinet du roi. Le cardinal était vêtu, non pas de ses ornements pontificaux, comme l'ont dit certains historiens et surtout certains romanciers, mais de son habit de cérémonie. La reine était présente, assise près de la table du conseil. Louis XVI adressa brusquement la parole à M. de Rohan. Ce fut un véritable interrogatoire. Le prince, atterré, répondait en balbutiant. Marie-Antoinette, pâle de colère, gardait le silence sans même jeter les yeux sur le cardinal.

Cependant celui-ci, recourant à un moyen extrême de justification, sortit de sa poche une lettre qu'il disait être de la reine et adressée à Mme de La Motte. Marie-Antoinette fit un mouvement nerveux. Son geste était indigné, ses yeux étincelaient. Le roi prit la lettre, il la parcourut, et la rendant au cardinal : «Monsieur, dit-il, ce n'est ni l'écriture de la reine ni sa signature. Comment un prince de la maison de Rohan, comment le grand aumônier de la couronne a-t-il pu croire que la reine signait Marie-Antoinette de France? Personne n'ignore que les reines ne signent que leur nom de baptême.»

Le cardinal resta muet.

«Mais expliquez-moi donc toute cette énigme,» dit le roi avec une extrême impatience.

Le cardinal s'appuyait contre la table; il pâlissait, et ne put répondre que ces paroles :

« Sire, je suis trop troublé pour m'expliquer devant Votre Majesté. »

Le roi reprit avec plus de bienveillance « Remettez-vous, monsieur le cardinal Passez, dans la pièce voisine, vous y trouverez ce qu'il faut pour écrire. Je désire ne pas vous trouver coupable. »

M. de Rohan se retira. Un quart d'heure après, il vint et remit au roi un papier où se trouvaient tracées quelques lignes qui, loin de donner des explications claires, jetaient encore plus de confusion dans cette malheureuse affaire.

« Retirez-vous, monsieur, » dit le roi d'une voix indignée.

Le cardinal reprit le chemin de la galerie. Comme il traversait la salle des gardes, il vit le baron de Breteuil qui l'attendait. Il comprit tout. En effet, M. de Breteuil fit un signe, et M. de Rohan fut arrêté par les gardes du corps. On le conduisit dans son appartement, à la grande aumônerie, située dans un corps de logis du château royal. Là il trouva moyen d'écrire à la hâte un billet au crayon destiné à l'abbé Georget, son grand vicaire. Le heiduque du cardinal, coureur aussi rusé que leste, ramassa le billet que son maitre lui jeta à la dérobée, et s'élança sur la route de Paris. L'abbé Georget, qui logeait à l'hôtel de Rohan, reçut le message, et brula en toute hâte des papiers importants.

Le lendemain, M. de Rohan était transféré à la Bastille. Le lieutenant de police avait reçu des ordres, et, dans la même journée, la dame La Motte fut incarcérée. On chercha d'abord inutilement Villette et le sieur de La Motte. Ils étaient cachés, mais on finit par se saisir de Villette, et on l'écroua. La Motte se sauva en Angleterre. Restait Cagliostro, qui, tout sorcier qu'il était, ne se doutait de rien au fond de son laboratoire, rue Saint-Claude.

Le soir même de l'arrestation du cardinal, des agents de la maréchaussée pénétrèrent dans le mystérieux logis de l'alchimiste, malgré le concierge et les gens de la maison. Un officier, l'épée au poing et suivi de ses gendarmes, se présenta tout à coup sur le seuil de la porte de la salle où Cagliostro faisait de la chimie. Le hardi aventurier paya d'audace, et se mit, dit-on, sur la défensive, armé d'une tige de fer.

« Monsieur, dit l'officier, c'est par ordre du roi. J'ai avec moi dix hommes bien armés et qui se moquent des sorciers. Suivez-moi. »

La partie n'était pas égale, et toutes les incantations de la magie noire ou blanche se fondaient comme une vapeur devant un ordre si nettement formulé.

Cagliostro suivit l'officier. Un fiacre attendait dans la cour. Il y monta, et, escorté de quatre cavaliers, il fut dirigé sur la Bastille, où il fut écroué. C'était à deux pas de la rue Saint-Claude, donnant sur le boulevard du Temple.

Que devint Lorenza? On dit qu'effarée comme une colombe échappée à un lacet, elle s'enfuit à tire-d'aile et se réfugia en Italie, à Rome, dans sa famille. C'est ce qu'elle aurait dû faire plus tôt, la pauvre femme!

En apprenant l'arrestation du cardinal, M. le prince de Condé, allié à la famille de Rohan, avait fait grand bruit. Il était allé trouver le roi pour réclamer la liberté de son parent. Mais Louis XVI tint ferme, et déclara que le parlement était saisi de cette affaire.

En effet, le 30 août 1786, le parlement de Paris se réunit en séance solennelle. Quarante-neuf membres siégeaient en robes rouges. Les accusés furent introduits, et se placèrent sur la sellette; mais le cardinal n'était point à la séance. Il était resté sous la garde du lieutenant du roi de la Bastille, dans le cabinet du greffier en chef. Les interrogatoires commencèrent, et la séance dura jusqu'à la nuit. Sur la même sellette que la dame La Motte se trouvait cette belle fille nommée d'Oliva, qu'on avait arrêtée en Belgique. Les débats furent clos en ce qui concernait quatre accusés. On les renvoya hors de la grand-chambre. Alors fut introduit le cardinal de Rohan. Le premier président lui avait envoyé dire par un huissier de la cour souveraine que la sellette avait été enlevée et que Son Éminence pouvait se présenter.

Depuis son malheur, M. de Rohan avait retrouvé toute sa dignité. Quand il parut dans la salle, tous les conseillers se levèrent. Le prince grand aumônier portait la longue robe violette, costume de deuil des cardinaux. Il salua le parlement avec une incomparable noblesse; il y avait sur son visage une expression de sérénité majestueuse qui lui gagna l'admiration de l'auditoire. Il s'assit dans un fauteuil, et l'affaire suivit son cours. Le rapport fut fait par le conseiller Dupuis de Macé, avec toutes les convenances que méritait l'illustre accusé. Quant à l'interrogatoire, il se résuma en un dialogue d'une simplicité et d'un calme de haute compagnie. Les débats furent clos, et le cardinal se retira pour se rendre de nouveau dans le cabinet du greffier, après avoir été salué par la cour à sa sortie comme à son entrée.

Après un délibéré assez court, le premier président lut l'arrêt. Le voici; nous en donnons un extrait pur et simple:

1° La pièce, base du procès, les approuvés et les signatures en marge sont reconnus frauduleusement apposés et faussement attribués à la reine;

2° La Motte, contumace, est condamnée aux galères à perpétuité ;

3° La dame La Motte sera fouettée, elle sera marquée sur les deux épaules de la lettre V, et enfermée à l'hôpital à perpétuité ;

4° Réteaux de Villette est banni pour toujours du royaume ;

3° La demoiselle d'Oliva est mise hors de cour ;

6° Le sieur Cagliostro est déchargé de l'accusation ;

7° Le cardinal est déchargé de toute espèce d'accusation. Les termes injurieux répandus contre lui dans les Mémoires de la dame de la Motte seront supprimés ;

8° Il est permis au cardinal de faire imprimer l'arrêt.

Telle fut la teneur du jugement. Le prince fut ramené dans son carrosse à l'hôtel de Rohan, où l'attendaient toute sa famille et une nombreuse compagnie.

Villette et la dame La Motte retournèrent sous les verrous. La demoiselle d'Oliva se sauva bien vite chez elle, jurant qu'on ne la prendrait plus à jouer les reines. Quant à Cagliostro, il avait lieu d'être satisfait de l'issue du procès en ce qui le concernait ; mais il parait que le régime de la Bastille avait singulièrement calmé ses idées, car en prenant congé du gouverneur, le marquis de Launay, il lui déclara qu'on n'entendrait plus parler de lui à Paris. En effet, peu de jours après, la maison de la rue Saint-Claude était entièrement vide, et Cagliostro, voulant se dérober aux ovations compromettantes dont le menaçaient ses adeptes et ses admirateurs, se retira au village de Passy, d'où il disparut bientôt complètement. Nous le retrouverons à Rome.

Telle fut l'affaire du collier, si célèbre et si diversement racontée. Ajoutons, pour l'honneur de la famille de Rohan, que les membres de cette noble maison payèrent au joaillier Boehmer la somme de seize-cent-mille livres, prix du collier volé et vendu en détail par les associés en escroquerie.

Mme de La Motte subit sa peine infamante. Elle fut enfermée dans un hôpital, d'où elle parvint à s'échapper un an après, grâce à une sœur converse qui lui dit en lui ouvrant la porte : « Adieu, madame, et prenez garde de vous faire remarquer. »

Il ne nous reste plus qu'à suivre le comte de Cagliostro dans sa dernière pérégrination.

XI

*Passy • Départ de Paris • Séjour à Londres • Le gazetier
Morand • Départ de Londres • Arrivée à Bâle • Voyage en
Piémont • Retour à Rome • Lorenza Feliciani • Les Loges
occultes • Correspondance avec les révolutionnaires de France •
Le Saint-Office. —Arrestation. —Jugement •
Le château Saint-Ange.*

L'acquittement de Cagliostro, dans l'affaire du collier, fut accueilli avec des transports de joie par ses admirateurs et ses sectaires à Paris. Des démonstrations un peu trop bruyantes le déterminèrent, comme nous l'avons dit, à aller habiter Passy. Sa retraite fut la nouvelle du jour. Le public se préoccupait beaucoup du sorcier qui guérissait sans remède et qui faisait de l'or.

Il y eut à Passy un grand concours d'adeptes et de curieux. Cagliostro se cachait en quelque sorte. Depuis sa sortie de la Bastille, on remarquait en lui une certaine impatience de quitter la France. Sa célébrité lui faisait peur, et, tout magicien qu'il était, il ne pouvait se défendre de frissonner au souvenir de ces formidables donjons où il s'était cru renfermé pour la vie.

Il remit donc à une autre époque ses grands projets sur la franc-maçonnerie égyptienne. Ces projets ne tendaient à rien moins qu'à obliger le gouvernement du roi à reconnaitre cet ordre nouveau, et à obtenir de Rome qu'il fût constitué sur les mêmes bases et avec les mêmes grands privilèges qui avaient appartenu à l'ordre Teutonique, et à l'ordre de Saint-Jean de Jérusalem. Le comte recevait à Passy les visites fréquentes d'un certain Thomas Ximénès, se disant descendant du cardinal de ce nom, et qui cherchait à ranimer en lui ce grand enthousiasme maçonnique d'autrefois. Thomas en était pour ses frais de harangue ; ce malheureux château fort de la Bastille se dressait toujours devant les yeux du grand copte, du puissant Acharat, du fils bienaimé du shérif de Médine et de Salaahym. Beau rêve, titre glorieux, mirage ravissant d'un passé qu'il s'était promis de rajeunir ! tout s'enfuyait comme une nuée brillante. La Bastille, les exempts, le gouverneur M. de Launay, les geôliers, voilà la réalité froide et sévère à laquelle venait se heurter, malgré lui, le puissant Cagliostro! Thomas Xiinenès et d'autres grands dignitaires des loges de Paris finirent par désespérer du dieu de la science hermétique, et ils ne vinrent presque plus en pèlerinage à Passy.

Cependant Cagliostro nourrissait contre la cour de France des projets de vengeance qui se trahissaient par certaines paroles. Plusieurs fois il avait confié à ses intimes qu'il ferait entendre sa voix, quand il aurait passé la frontière. Il se préparait à partir, et un jour ses adeptes apprirent qu'il avait quitté les environs de Paris, qu'il avait gagné Boulogne-sur-Mer, et qu'il s'était embarqué pour l'Angleterre. Adieu le sorcier. Bien des folles, et des folles de qualité le pleurèrent, et bien des fous de toutes les classes résolurent d'aller le retrouver.

Une fois à Londres, le grand copte retrouva son énergie. Il avait mis un bras de mer entre la France et lui; la Bastille n'apparaissait plus dans le lointain. Ce fut alors qu'il rédigea cette célèbre lettre au peuple français (1787), qui fut répandue à profusion dans toute l'Europe. Le pamphlet était violent contre la cour de Versailles, les ministres, le parlement même, qui l'avait assez bien traité, et jusqu'à ce bon M. de Launay, gouverneur de la Bastille, envers qui il se montra fort ingrat. Cet écrit avait un caractère tellement hostile à la royauté et aux principes sociaux, que l'imprimeur anglais hésita s'il l'imprimerait. Ce qui est fort singulier, c'est que la révolution de France y était en quelque sorte prédite, et même en termes fort clairs. La Bastille (c'était justice) y avait sa prophétie particulière. «Elle sera détruite de fond en comble, disait l'imprimé, et le sol sur lequel elle s'élève deviendra un lieu de promenade.» Cette fois, par exemple, Cagliostro était sorcier. Mais ce n'est pas tout, la lettre au peuple français annonçait encore:

«Le règne prochain d'un prince qui abolirait les lettres de cachet, convoquerait les états généraux et rétablirait la vraie religion.»

Il prédisait donc les évènements de 1789: seulement le sorcier ne voyait pas bien clair à travers le brouillard de l'avenir. Après les états généraux, s'il avait eu une meilleure vue, il aurait pu distinguer l'échafaud, les saturnales sanglantes et l'autel de la déesse de la Raison au lieu de la vraie religion rétablie. M. de Cazotte eut les yeux plus perçants.

Cagliostro fut reçu avec un vif empressement par les francs-maçons de Londres. Il fut invité à se rendre à la loge mère, et on lui offrit la première place, celle de Grand-Orient. Il accepta cet honneur. Un assez bon nombre d'adeptes arrivèrent de Lyon et de Paris pour le voir. Il les reçut avec une effusion de cœur qui témoignait d'un grand regret d'avoir quitté la France.

Il les bénissait comme ses fils de prédilection. On eut dit un prélat exilé retrouvant à l'étranger ses enfants spirituels. Il fut supplié de tenir une loge maçonnique du rite égyptien ; il y consentit, mais avec un peu de tristesse. Le souvenir de cette brillante loge de Paris, qu'il fondait au moment de son arrestation, lui revenait sans cesse ; il ne pouvait se consoler de l'écroulement de ce bel édifice, si longtemps rêvé et qui lui avait couté tant de soins, d'études et de prédications. La loge égyptienne de Paris devait être la métropole de toutes les loges de ce rite ; c'était Paris que lui, le grand copte de l'ordre, devait résider. Là, au centre des lumières et de la civilisation, il eût trôné dans son infaillibilité et son omnipotence, comme le pape au Vatican.

Enfin, il fallait se résigner et même se consoler. Il céda au vœu de ses fils de France et d'Angleterre, et consentit à tenir une loge égyptienne selon les rites et l'observance dont nous avons déjà parlé.

Ce fut pendant ce troisième séjour à Londres que survint, entre Cagliostro et le journaliste Morand, une querelle célèbre, et dont la cause première ne manqua pas de burlesque. Parmi bien des excentricités médicochimiques que débitait dans les cercles le disciple d'Altotas le Grand, la méthode nouvelle pour détruire les bêtes féroces avait fait beaucoup de bruit. Le gazetier Morand, esprit railleur et passablement sceptique, s'en empara et en amusa le public dans le *Courrier de l'Europe*, dont il était rédacteur en chef. Le comte Cagliostro, racontant ses voyages en Orient, avait prétendu et affirmé que les habitants de Médine se délivraient des lions, des tigres et des léopards en engraissant des porcs au moyen d'aliments mêlés d'une forte dose d'arsenic ; qu'ils chassaient ensuite ces malheureux porcs dans les forêts, où ils étaient bientôt dévorés par les bêtes féroces, qui, elles-mêmes, mouraient empoisonnées. Le moyen était ingénieux, mais il parut d'un grotesque outré au journaliste. Il prôna la méthode, et toute l'Europe apprit le moyen infaillible de purger les bois, de carnassiers dangereux. Un porc engraissé d'arsenic et destiné, comme une pilule empoisonnée, à tuer un lion, parut un procédé ravissant pour la chasse. Certes, Cagliostro n'eut pas les rieurs de son côté ; rien n'est dangereux pour un inspiré du ciel comme le ridicule : aussi M. le comte résolut-il de pousser fort rudement l'impertinent journaliste : seulement, il perdit la tête en lui envoyant un défi d'un genre tout aussi excentrique que le procédé pour la chasse au lion. Le 3 septembre de l'année 1787, parut un imprimé signé de Cagliostro, et dans lequel le comte invitait le journaliste Morand à manger avec lui, le 9 novembre (il prenait jour pour le duel), un cochon de lait engraissé à la manière de Médine, et il pariait cinq-mille guinées que Morand mourrait et que lui, Cagliostro, ne se porterait que mieux après ce repas pharmaceutique. Le gazetier n'accepta pas l'invitation, bien entendu. On refuserait à moins. Alors Cagliostro fit imprimer un pamphlet des plus violents et des plus insultants contre le rédacteur du *Courrier de l'Europe*. Morand aiguisa sa plume, outré qu'il était d'avoir été provoqué à un duel *au cochon de lait*, et surtout d'avoir été diffamé par un charlatan. Ce fut alors un déluge d'articles, plus agressifs les uns que les autres, contre le comte de Cagliostro, que le *Courrier* traitait du haut en bas, mettait à nu devant le public et fustigeait à tour de bras. Toute la vie du célèbre aventurier fut dévoilée, et le grand jour était loin d'être favorable au disciple d'Altotas, au grand copte de la maçonnerie égyptienne. Qu'en résulta-t-il ? Une nuée de créanciers et de gens dupés fondit sur Cagliostro. Chacun, en lisant la longue kyrielle des escroqueries du comte, voulut avoir raison de ce filou, de ce larron, de ce brigand. La colère des dupes est éloquente et féconde en épithètes contre le dupeur dévoilé. Les huissiers et les recors arrivèrent bientôt à la file chez Cagliostro. Ce cortège funèbre l'épouvanta. Il entrevit les tribunaux et d'autres choses encore dans le fond de la perspective : aussi se hâta-t-il de faire ses préparatifs de départ, mais secrètement, et, une nuit, il s'évada de Londres, mais non sans s'être fait précéder sur le continent d'une riche cargaison en numéraire et en bijoux. Débarqué en Hollande, il se hâta de gagner du terrain, traversa l'Allemagne, et se réfugia à Bâle, où l'hospitalité patriarcale des cantons suisses le rassurait.

Nous entrons dans la dernière période de la vie nomade de Cagliostro. Cette odyssée aventurière, charlatanesque, mêlée de bons et de mauvais jours, cette odyssée que le merveilleux illumine quelquefois, mais que ternissent presque toujours le vice, l'escroquerie et le mensonge, devait nécessairement aboutir à un châtiment. Arrivé à l'apogée de sa réputation et de sa fortune, l'aventurier devait descendre rapidement, et par une pente dangereuse. C'est ce qui arriva ; c'est qui arrive toujours aux esprits ardents et viciés, pour qui la surprise est un moyen, l'éclat un auxiliaire puissant, et l'or un but. Cagliostro était le premier banquiste de son époque, selon l'expression adoptée de nos jours ; il commença par éblouir, il parvint à une haute célébrité et à une immense fortune ; il unit par la ruine et par la prison.

La vie simple et méditative des habitants de la Suisse convenait peu à une nature ardente comme l'était celle de Cagliostro ; ses disciples venus à Bâle le pressaient de franchir la frontière et de rentrer en France ; ils lui exagéraient beaucoup le dévouement de ses frères, et lui assuraient la protection des hauts dignitaires de l'ordre maçonnique, qui étaient aussi de très hauts personnages à la cour et dans l'État. Le comte hésita, et il se détermina à écrire au baron de Breteuil, ministre de la maison du roi de France. La réponse fut d'une netteté et d'une clarté à couper court à toute indécision. M. de Breteuil, ennemi personnel du cardinal de Rohan, qu'il aurait bien voulu voir exiler, saisit tout naturellement l'occasion de mener très rudement un confident, et en quelque sorte un protégé du prince. Il fit répondre à Cagliostro que, s'il était assez effronté pour mettre le pied sur la frontière du royaume, il serait arrêté et transféré à la conciergerie de Paris, pour y attendre l'instruction d'un procès en escroquerie, et qu'il aurait à répondre de sa vie criminelle devant la justice du roi.

Dès ce moment, Cagliostro comprit qu'il était exilé à perpétuité du royaume de France. Il se crut même peu en sureté en Suisse, et il partit de Bâle pour se rendre à Aix, en Savoie. De là, il passa Turin. Son séjour n'y fut pas de longue durée. Au bout de quarante-huit heures, ordre lui fut intimé de quitter la ville. Il arriva à Roveredo, qui dépendait de l'Autriche. Même réception. Le gouvernement de l'empereur Joseph II l'invita à porter ailleurs ses fourneaux d'alchimiste et ses prodiges opérés par la science hermétique. À son passage à Trente, il s'annonça comme exerçant la médecine légale. Mais il y avait là un prince-évêque, souverain du pays, qui reconnut bien vite le sorcier sous l'habit noir du médecin, et qui lui fit comprendre sans beaucoup de peine le peu de sympathie qu'il avait pour la magie. Cagliostro crut sentir une certaine odeur de fagot. L'avertissement lui suffit; il se hâta de suivre la route de Vicence, et, comme si toutes les polices des petits États s'étaient donné le mot pour le pousser devant elles, il prit la poste, et courut dans la direction de Rome, où il arriva après bien des vicissitudes.

Le voilà en plein gouvernement pontifical, espérant probablement plus de longanimité et de tolérance du pape lui-même que des petits princes tributaires des grandes cours. En effet, le pouvoir paternel de Pie VI était plus rassurant. Débarqué à Rome, le comte se logea sur la place d'Espagne, et ne tarda pas à louer une maison assez modeste à la place Farnèse. C'est là que Lorenza Feliciani le rejoignit, non sans une répugnance marquée. La malheureuse femme n'était pas en odeur de sainteté dans sa propre famille; mais Cagliostro était son époux légitime, elle ne pouvait se soustraire sa dépendance.

Il faut le dire ici à la louange de Mme Cagliostro : dès qu'elle eut retrouvé son mari, elle s'efforça de le ramener aux sentiments religieux qu'elle avait elle-même conservés au fond du cœur, malgré la vie déplorable qu'elle avait

menée. Elle voulait absolument le faire renoncer aux chimères impies auxquelles il s'était voué toute sa vie. Tantôt elle cherchait à l'effrayer sur les dan-
gers qu'il courait à Rome en continuant à voir en secret des francs-maçons
que le Saint-Office surveillait de près ; tantôt elle le rappelait à l'existence
normale, simple et douce qu'elle avait rêvée, et dont elle lui avait souvent
fait entretenir les calmes perspectives. Cagliostro parut céder aux instances
de Lorenza ; il promit de se convertir, et consentit à aller trouver un confes-
seur. En effet, un moine camaldule reçut sa confession. Cette démarche
en imposa à l'inquisition, qui commençait à se préoccuper de lui assez sérieusement, et lui attira les bonnes grâces de plusieurs cardinaux. Il vécut
donc à Rome, pendant près d'une année, avec assez de liberté, s'occupant
de médecine dans la retraite et l'étude. Mais, habitué à une existence de
luxe et de jouissances, il couvait toujours en secret des projets d'ambition
et de fortune. Lui qui avait fait de l'or, il ne voyait pas sans une inquiétude
dévorante se fondre une à une ses dernières ressources pécuniaires. Rallumer
ses fourneaux à Rome, sous l'œil de la police, était impossible sans risquer
de se perdre ; et d'ailleurs Cagliostro croyait-il réellement avoir produit de
l'or ? avait-il foi dans ses opérations alchimiques ? les résultats obtenus par
les procédés de la science hermétique appliquée étaient-ils prouvés à ses
propres yeux ? Il est plus que permis d'en douter en le voyant s'adresser
directement à ses fils et à ses frères les francs-maçons du rite égyptien, rési-
dant en France et en Allemagne, pour obtenir des subsides d'argent sur les
fonds des loges qu'il avait instituées en Europe. Ces fonds n'arrivaient pas ;
le grand copte se trouva enfin dans une gêne voisine de la misère.

Entraîné par de vives appréhensions sur sa situation, il céda, mais en secret, et renoua ses relations avec les sociétés maçonniques des États du
pape, loges souterraines, entourées du plus grand mystère (il y avait peine
de mort contre les adeptes et les initiés aux grades supérieurs), et d'autant
plus actives et dangereuses.

Quelles furent la surprise et l'épouvante de Lorenza lorsqu'un jour, faisant
part à son mari des soupçons qu'elle avait conçus sur certaines relations et
sur certaines démarches dont elle n'augurait rien de bon, elle apprit qu'il
avait fondé en secret une loge égyptienne à Rome même, et que cette loge
correspondait avec celles de France et d'Allemagne !

« Mais vous êtes perdu ! s'écria-t-elle.

— Bah ! dit Cagliostro, que sa folie reprenait, il n'est pas plus difficile d'éblouir
le pape et les cardinaux que les rois de l'Europe et leurs gouvernements.

—Comment, mon Dieu! reprit Lorenza. Et votre conversion.... et cette confession si exemplaire!

—Vous y avez donc cru? répondit-il. Eh! madame, il s'agissait de ma sécurité, et j'ai pipé un moine, voilà tout. »

À dater de ce moment, Lorenza regarda son mari comme un homme perdu. Elle pleura, gémit et s'attendit à tout.

Les évènements politiques en France étaient devenus d'une gravité effrayante. Les états généraux avaient été convoqués, et les premiers cris révolutionnaires étaient sortis de cette assemblée. Cagliostro, apprenant à, Rome les nouvelles surprenantes qui couraient toute l'Europe, crut l'occasion magnifique pour rentrer en France. Il écrivit à l'assemblée des états généraux, ou plutôt à quelques membres de l'opposition violente de cette assemblée. Sa déclaration de principes n'a jamais été publiée; il est douteux même qu'elle soit parvenue à Paris; mais il est bien permis de penser que l'ancien prisonnier de la Bastille, en apprenant les évènements du 14 juillet, dut écrire un manifeste des plus lyriques à ses frères de Paris. Le symbole maçonnique L. P. D. dut être paraphrasé par lui avec une éloquence sans frein. En effet, c'était le cas, ou jamais, d'expliquer au monde le sens mystérieux de ce mot d'ordre en trois lettres adopté depuis longtemps par les initiés *Lilia pedibus destrue*; *foulez aux pieds les lis* (L. P. D.).

Et l'on nous dira après cela que la franc-maçonnerie n'a jamais couvé dans son sein la moindre animosité contre les rois et leur autorité! Lilia pedibus destrue, disait-elle en France. Ailleurs elle variait la formule, c'est probable; mais, quant au but, il était invariable partout.

Ce fut à cette époque qu'il se crut dénoncé au Saint-Office par un de ses adeptes. Ses conjectures étaient fondées. On épiait sa conduite, et bientôt on acquit la preuve qu'il faisait partie à Rome d'une loge clandestine à laquelle il avait imposé le rite égyptien. Or toute franc-maçonnerie, à Rome, était passible des peines les plus sévères: il y avait peine de mort contre quiconque était convaincu d'être affilié à une société professant et exerçant les sciences occultes. Aux yeux du Saint-Office, tout franc-maçon était voué corps et âme à l'hérésie, considéré comme ennemi juré de l'Église et comme tendant à renverser l'autorité spirituelle et temporelle du souverain pontife.

Cagliostro avait adressé, comme nous l'avons dit, une profession de foi aux états généraux de France après l'insurrection du 14 juillet. Dans son exaltation pour les idées révolutionnaires, il n'hésita pas à adresser encore une missive à ses *frères agissants,* qui faisaient partie de la loge mère de Paris;

c'étaient Barrère, Grégoire, Joseph d'Orléans et tant d'autres qui, depuis, furent membres du club des Jacobins. La lettre fut-elle interceptée par la police de Rome? il est permis de le croire, car elle ne parvint jamais à sa destination. Quoi qu'il en soit, Cagliostro se vit tout à coup arrêté dans la soirée du 27 septembre 1789, par ordre du Saint-Office, et décrété d'accusation. On l'enferma au château Saint-Ange, et on procéda à l'instruction de son procès. Ses papiers furent fouillés et mis sous les scellés. On fit ressortir de sa correspondance plusieurs chefs d'accusation qui entrainaient une condamnation capitale.

Après une longue détention, quand l'instruction fut terminée, on lui donna un défenseur d'office, qui fut le comte Gaetano Bernardini, avocat des accusés devant la Sainte Inquisition. À ce premier défenseur ou adjoignit, comme conseil, Mgr Charles-Louis Constantini, dont la science et la probité étaient généralement reconnues. Ils ne lui cachèrent pas la gravité de sa position, ils lui conseillèrent de renoncer à appuyer sa défense sur un système de dénégation, promettant de le sauver de la peine capitale, ou du moins lui assurant une commutation de peine. Cagliostro leur fit des aveux complets. Il demanda même à se réconcilier avec l'Église, et un religieux reçut sa confession.

Enfin la cause fut portée à l'assemblée générale du Saint-Office, le 21 mars 1791, et, selon l'usage, devant le pape, le 7 avril suivant. Les avocats plaidèrent avec éloquence, non pas l'innocence de l'accusé, puisque Cagliostro répéta ses aveux, mais l'erreur et l'entrainement. Le jugement fut rendu; il prononçait la peine de mort. Un recours en grâce fut aussitôt adressé au pape, et Pie VI commua la peine en une détention perpétuelle. Voici les termes du jugement:

«Joseph Balsamo, atteint et convaincu de plusieurs délits, et d'avoir encouru les censures et les peines prononcées contre les hérétiques formels, les dogmatisants, les hérésiarques, les maitres et les disciples de la magie superstitieuse, a encouru les censures et les peines établies, tant par les lois apostoliques de Clément XII et de Benoît XIV contre ceux qui, de quelque manière que ce soit, favorisent et forment des sociétés et des conventicules de francs-maçons, que par l'édit du Conseil d'État porté contre ceux qui se rendent coupables de ce crime, à Rome ou dans tout autre lieu de la domination pontificale. Cependant, à titre de grâce spéciale, la peine qui livre le coupable au bras séculier (c'est-à-dire à la mort) est commuée en prison perpétuelle dans une forteresse, où il sera étroitement gardé, sans espoir de grâce; et après qu'il aura fait l'abjuration, comme hérétique formel, dans le lieu actuel de sa détention, il sera absout des censures, et on lui prescrira les pénitences salutaires auxquelles il devra se soumettre. »

« Le livre manuscrit qui a pour titre *Maçonnerie égyptienne* est solennellement condamné, comme contenant des rites, des propositions, une doctrine et un système qui ouvrent une large route à la sédition, et comme propre à détruire la religion chrétienne, superstitieux, blasphématoire, impie et hérétique ; et ce livre sera brulé publiquement par la main du bourreau, avec les instruments appartenant à cette secte. »

« Par une nouvelle loi apostolique, on confirmera et on renouvellera, non seulement les lois des pontifes précédents, mais encore l'édit du Conseil d'État, qui défendent les sociétés et les conventicules des francs-maçons, faisant particulièrement mention de la secte égyptienne, et d'une autre vulgairement appelée des *Illuminés* ; et l'on établira les peines corporelles les plus graves, et principalement celles des hérétiques, contre quiconque s'associera à ces sociétés ou les protègera. »

Le condamné fut enfermé au château Saint-Ange, où il mourut deux ans après, à l'âge de cinquante ans.[1]

Tel fut Joseph Balsamo, comte de Cagliostro. En racontant sa vie et ses aventures avec sincérité, nous lui avons, pour ainsi dire, laissé la faculté de se peindre lui-même.

Cagliostro n'eut qu'une importance relative et peu enviable ; il ne marqua que par les surprises et le faux éclat des charlatans célèbres. Il préoccupa

---

1. Il est de singuliers rapprochements ! Dans le procès du collier, les avocats de Mme de La Motte cherchèrent à noircir énormément la réputation de Cagliostro, sans doute pour pallier la conduite de leur cliente accusée. Ils le comparèrent au célèbre imposteur Joseph Bord, qui, précisément, après avoir couru l'Europe et mené grand train en faisant des dupes, fut jugé à Rome par l'inquisition, fut forcé d'abjurer publiquement ses erreurs, et mourut en prison en 1695, absolument comme Cagliostro. Les avocats de la dame La Motte ne se doutaient pas que leur parallèle entre ces deux aventuriers devait se continuer d'une façon aussi complète dans l'avenir.

Puisqu'il est question de Born, qui fut une célébrité au XVIIe siècle, ajoutons une note à son sujet.

« Joseph-François Borri, Milanais, enthousiasme, chimiste, hérésiarque et prophète, se servit de tous ces moyens pour se faire des partisans dont il n'enviait que l'argent. Ses intrigues découvertes le firent chasser de Rome, de Milan, de Strasbourg, d'Amsterdam. Retiré à Hambourg, il attrapa de l'argent à la reine Christine et au roi de Danemark, comme possesseur du secret de la *pierre philosophale*. Il se sauva en Hongrie, où le nonce du pape le réclama et le fit conduire à Rome. Il y mourut en prison, au château Saint-Ange, en 1695. Ses prétendus secrets sont consignés dans un ouvrage de sa composition, intitulé : *La Chiave del Gabinetto*, 1681, in-12. C'est le fondement du comte de Gabalis. *(Dictionnaire historique* de l'abbé l'Advocat, au mot Borri.)

l'opinion publique, cela est vrai ; il étonna la foule, il s'attira les sympathies des crédules et des esprits avides du merveilleux, il séduisit des faibles, il enchanta des natures ardentes, altérées de jouissances, entêtées de chimères, rêvant l'inconnu, aspirant à l'impossible ; et c'est pour cela que son nom a survécu, mais avec quelle triste célébrité !

Il était né avec des facultés intellectuelles qui, bien dirigées, eussent fait de lui un homme remarquable. Ce n'était pas un esprit supérieur, mais un esprit ardent et doué d'une merveilleuse intuition. Il s'exagéra son mérite, il se crut un homme de génie dès le début de sa vie, et c'est ce qui le perdit. Ses facultés n'aboutirent pas, ou plutôt elles furent dévoyées et se précipitèrent dans le faux. Or, dans les sciences comme ailleurs, le faux touche à l'absurde.

Mais avec une imagination volcanique, des passions violentes et sans frein, Cagliostro devait nécessairement tenter les plus hautes témérités. Les sciences occultes avaient pour lui un attrait irrésistible ; il se jeta à corps perdu dans cette région brillante, mais dangereuse ; ébloui par l'éclat, il tomba dans le vide.

Quant à sa moralité, à quoi bon en parler après l'avoir suivi dans les diverses périodes de sa vie nomade, aventureuse et souvent criminelle ? Pie VI fit grâce de la vie à Cagliostro, et en cela il donna une preuve de plus de la mansuétude qui honore son pontificat.

Cagliostro fut un personnage extraordinaire. Il étonna son époque par des moyens vulgaires, mais avec une habileté sans pareille. Il a donc tous les titres voulus pour être classé au nombre des grands aventuriers de son temps.

FIN

www.ingramcontent.com/pod-product-compliance
Lightning Source LLC
LaVergne TN
LVHW091204080426
835509LV00006B/822